ブロック肉がうまい!

手づくり ベーコン ハム ソーセージ

杉山博茂 著

農文協

はじめに

郊外のホームセンターに足を運び、アウトドア商品コーナーに行くと、燻煙（スモーク）の器具機材が陳列されている。年々陳列スペースが広くなる傾向だ。お客さんが望んでいる商品だから品数も増えるのだろう。時間に余裕のある世代が増え、手づくりのくらしにチャレンジしたい人が増えた証かもしれない。私はこれまでも、そしていまも手づくりハムに興味のある人たちを対象に、ハムつくり教室を県内外で開いている。これまでに多くの人が受講してくれた。1回だけのこともあれば、15回連続ということもあった。私のハムつくり教室は、その冒頭で豚1頭分の骨なし肉を調理台に置いて、解体しながら、各部位の肉を煮たり、焼いたりして、食感を味わいながら進行する。受講生は15回連続の講座を終えると、それなりのものはつくれるようになる。さらに興味のある人は、継続して学びたくなるようだ。こうした仲間が集まって、ハムつくり同好会を立ち上げたところもある。

私は、その同好会の一つで講師を務めている。同好会の人々は経験を積み、技術レベルも高くなった。塩漬け液つくりやタレつくり、乾燥、燻煙の火加減、湯煮なども熟知している。まさにオールラウンドプレイヤーである。同好会は月1回の開催だ。会員は開催を待ちきれずに、自ら肉専門店で肉の塊を買い、ベーコンやハムつくりにチャレンジする。おいしいものができると、知り合いに食べてもらいたくなるのが人情。遠方の人にも送る。食べた人からは一様に、「市販のものとは違って、香りがいいね。この味

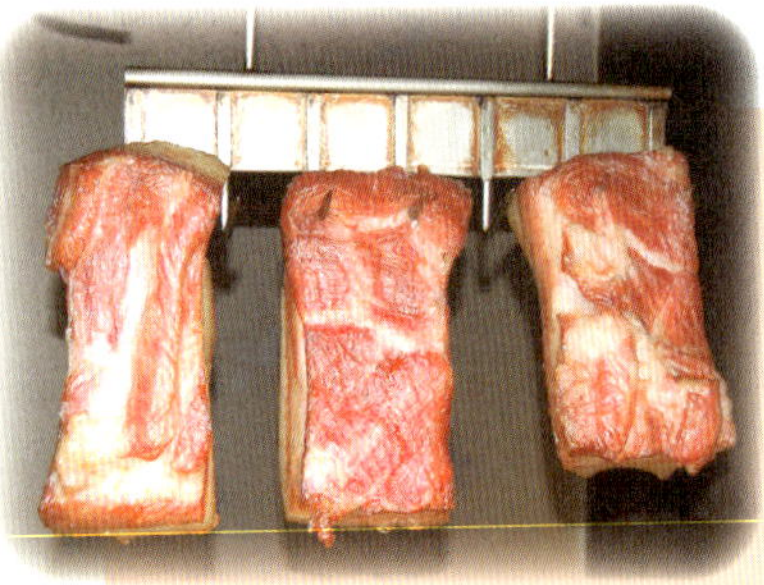

はお金には代えられないよ」などのお褒めのお言葉をいただくそうだ。鮮度のよい肉を使い、基本に忠実につくれば、おいしいものをつくることはできる。

会員のなかには、私が同好会のときに準備する肉と、自分で買った肉の鮮度に違いがあるという人がいた。なぜだろうか。鮮度のよい肉を購入するにはどうしたらよいか。冷凍肉を買った場合の解凍の仕方はどうするか。燻煙のときに煙ののりが悪いがなぜだろうか。手づくりサラミソーセージをつくりたいが、つくり方はどうしたよいか。いろいろ質問される。疑問を解消しないと前へ進めない。会員が抱く疑問は、ハムつくりに興味のある他の人々にも共通しているのではないだろうか。

そこでこの本では、基本に忠実なハム・ソーセージのつくり方から、新聞に掲載された肉の市況を読み、鮮度のいい肉を購入する方法、さらにブロック肉から精肉にしていく本格派の入り口までを案内したい。併せて畜産農家による肉直売への期待もこめた。日本とドイツの食肉加工技術、精肉技術、販売方法を習得、熟知している私の経験が、微力ながらお役に立てば幸いである。この本がハム・ソーセージつくりに興味のある人の入門編として、また食育の啓蒙普及に奮闘している人や食肉の流通に興味のある人の目にもふれるなら、望外の喜びである。

2014（平成26）年10月

杉山　博茂

豚のブロック肉がうまい！　手づくりベーコン・ハム・ソーセージ……目次

1章 杉山流のおいしいベーコン・ハムつくりのポイント

2章 杉山流のおいしいベーコン・ハムほかのつくり方

3章

鮮度のいいブロック肉でさらにおいしく

4章

うまさを深めるブロック肉の切り分け 脂身のはずし方

1章

杉山流のおいしい
ベーコン・ハムつくりのポイント

仲間と楽しむハム・ベーコンつくり

阿見町ハムつくり同好会

私は、いま茨城県稲敷郡阿見町に住んでいる。私の地元にはハムつくり同好会があり、毎月第三日曜日には会員が集まる。集合は地元の公民館。このハムつくり同好会はどのようにしてできたか。発足の経緯から話そう。1995（平成7）年のある日、私は当時勤務していた水戸市にある専門学校で電話を受けた。実は、その電話が現在の同好会の会長さん（当時は51歳でばりばりの働き盛り）からのものだった。その当時まだ面識はない。

「私は養豚家です。自分の生産した豚でハム・ソーセージをつくりたい。指導してくれる人を探しているが、見つからない。最後の望みを先生に託して電話しました」その人は、いますぐに私に会いたいと希望し、電話のあったその日、学校にやってきた。学校にはハム・ソーセージの加工施設がある。できたハム・ソーセージは第三者に販売してよろしいという

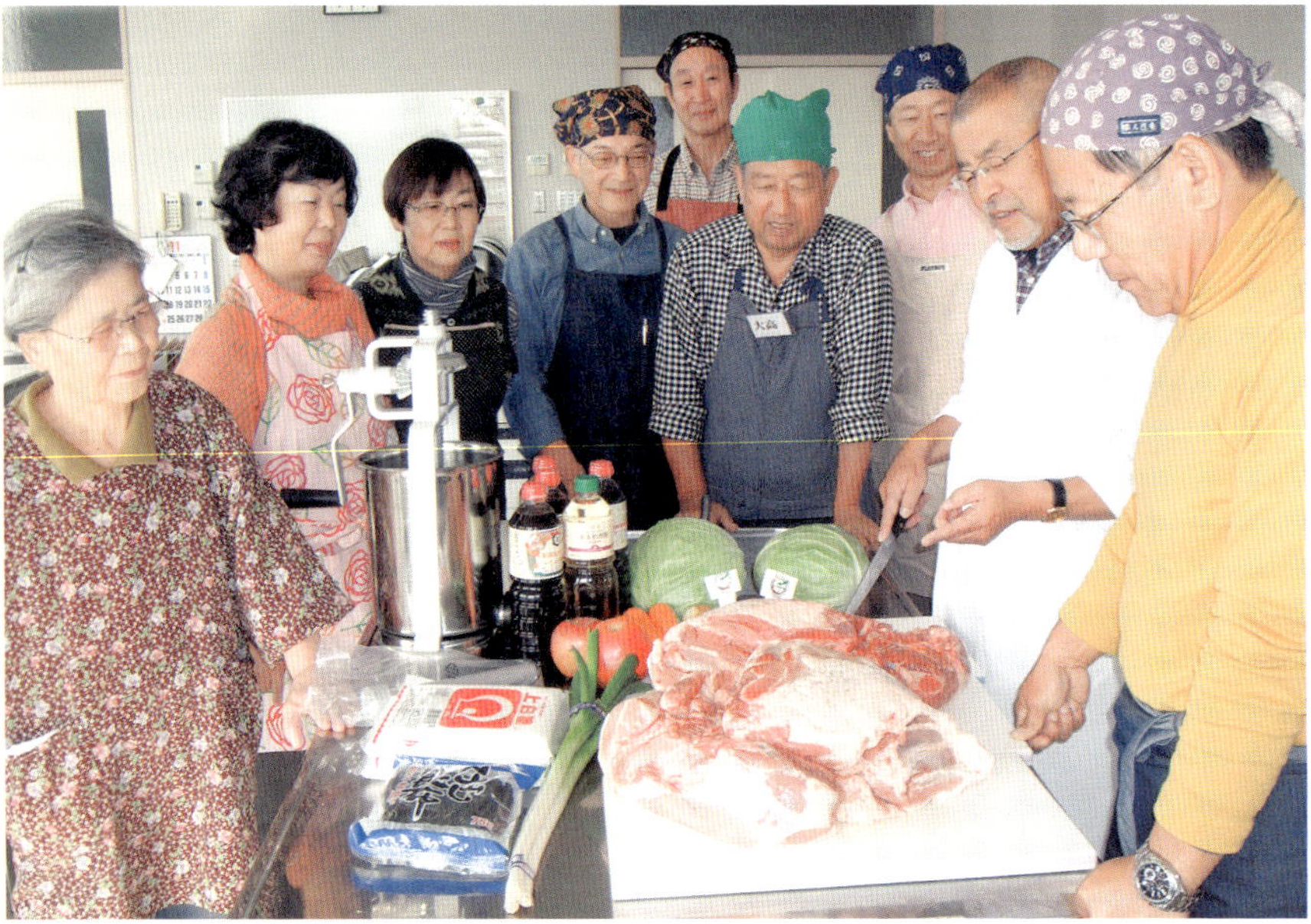

ハムつくり同好会。まず、その日使う肉の特徴をきく

営業許可を得た加工施設で、学内にある直売所で販売していた。稼動している加工施設を見学してもらい、ここでつくった製品を試食してもらった。ひと段落して、「どちらからお見えですか」と尋ねたところ、私の住んでいる地元、阿見町だとわかり、話が盛り上がった。これが縁となり地元の公民館を会場にして、ハムつくり講座が開かれることになった。半年で15回の講座を1年半（45回）続けた。

公民館では、半年で15回の講座を3連続（1年半）以上続けることができない規則になっている。これ以上続けたいなら、同好会を結成すれば講座も継続できますよと、公民館の担当者から示唆された。そこで講座修了者が同好会をつくることにして、会長には、講座開設のきっかけをつくってくれた先の養豚家が選ばれた。施設使用の申請は1か月前にする。同好会の届けをしたおかげで、会場の使用申請は簡単な手続きで済むようになった。

同好会の面々

ハムつくりにやる気のある人ばかりなので、同好会のまとまりはよい。同好会には阿見以外の町に住んでいる人も参加している。会員は25名。毎回15名は集まる。年齢は50代、60代が多い。現役もいれば、リタイアした人もいる。いまはリタイアした人たちも、現役時代は相当にハードな勤務をしていたようだ。阿見町から東京まで毎日通勤していた人、国家公務員で全国を転勤して歩いた人、大手の食品関連メーカーの営業マンだった人は全国各地に出張していたという。最高齢は79歳の元気な女性だ。女性会員は地元の人が多い。

年齢を問わず共通しているのは、比較的時間に余裕のある人が多いこと、そして、だれもが食通であることだ。中にはそば打ち名人もいる。そばの種をまいて収穫し、そば粉にしてそばを打っている。目の前で打ったそばを食べたいという知人のために、他県までそば打ちに行くという熱の入れようだ。和食料理の先生もいる。単身赴任している会員は、赴任先で仕事を終えたあと、時間の余裕があるので、冬場はサラミソーセージをつくって、ワインのつまみにしているそうだ。「サラミソーセージはワインに合うね、うまいんだこれが」とのこと。時間をかけて自分でつまみをつくる。まさに贅沢至極な時間の流れ。

養豚家の会長は野菜栽培もしていて、市場に出荷する専業農家でもある。同好会が開かれる日には、会長から会に新鮮な野菜の差し入れがある。朝採りした野菜を開催時間に合わせて持参してくれる。この野菜がまたみずみずしく、おいしい。会員の多くは家庭菜園の愛好家でもあるから、野菜談義もひとしきりある。

同好会の一日

持ち込まれた野菜を前に、まず会長の朝の挨拶、同好会事務局役からの連絡、そして私からその日の加工内容の説明をする。毎月の集まりで何をつくるかは事前に連絡してあるので、会長はそれに合わせて野菜を持ち込んでくれている。前日の土曜日に、肉問屋さんが会場に持ってきた豚肉の塊を、冷蔵庫から出して調理台に置く。使う豚肉の特徴を私が説明してから、おのおのが豚肉に付着しているスジ・軟骨、余分な脂肪を取り除く作業にかかる。加工が始まると、会員は皆一心不乱だ。続いて大きな塊肉を分割する。会員も肉以外の話はしない。ブロックにわけた大きな塊肉を分割したあとは冷蔵庫に保管する。このあと、塩漬け液をつくり漬け込む作業がつづいていく。

ソーセージつくりに使う挽肉は、公民館にあるチョッパー（肉挽き機）を使って、挽肉にする。燻煙は各自の自宅の庭で行なうが、ご近所にはおいしい香りがただよい、「いい香り、おいしそうねえ」と必ず声がかかるそうだ。

ハムつくり同好会。ケーシングへの充填作業が始まる

当日の休憩時間にも食べ物の話ばかり。肉屋に塊肉を注文し加工している会員は、肉を見る目が肥えている。「○○肉屋より、▽▽肉屋のほうが、鮮度がよろしいな」「○○肉屋は親切だな」「○○肉屋のバラブロックは赤身と脂肪がちょうどいい三枚肉だ」など、会話も弾む。ここでもやはり食通の集まりだと実感する。

朝採りの新鮮な野菜と、自分たちがつくったハム・ソーセージ。その味のコラボレーションに会員の皆が酔いしれる。スジ・軟骨の煮込みならば、タマネギ。これがうまい。焼き豚ならレタス。レタスに焼き豚を包んで食べると、これまた美味。

燻煙。煙を見ながらの珈琲タイムは至福の時

ベーコンならキャベツ。ベーコンと一緒に炒めて食べると、まさに至福の時。ショウガやガーリックも利いている。

まさに贅沢な時間を共有する仲間たち。やはり食べることが大好きな人たちだ。美味なる物を自分でつくろうという気構えの、真に食通といえる人たち。その顔の色艶はたいへんよく、表情も溌剌としているのである。食通が食通を呼び、どんどん輪は広がって、会員も増えている。

至福の時をごいっしょに

私も定期的に芝生と常緑樹に囲まれた狭いわが家の庭で燻煙をしたり、焼き豚を焼いたりする。そのときは燻煙器や焼き豚焼き機のとなりにテーブルと椅子をすえて、太陽を浴びながら珈琲豆を挽き、珈琲を淹れて、一人静かに飲むことにしている。

わが五感を集中させて、火と煙の具合をチェックしながら、仕上がるのをじっくりと待つ。ご近所の人に言わせると、珈琲カップを片手に、想像の扉をひろげて、燻煙色を思い描きながら、仕上がりを待っている姿は、まことに絵になるとのこと。私自身にとってもこのひとときは「至福の時間」なのである。

長寿の秘訣は肉にあり

今後、肉の消費が伸びるのは、データからみても間違いない。たとえば「日本経済新聞」（２０１４年７月28日付）によれば、世帯主が65歳以上の家庭の肉類購入額はここ10年で16・7％増えた。64歳以下の６・２％を上回る伸びを示す。70歳でテレビのバラエティー番組に出演し、「おいしゅうございます」という独特の語り口で人気者になった岸朝子（90）さん。今も現役の料理記者だそうだが、高齢でありながら毎日のように行きつけのステーキ店に足を運ぶという。信条は「食は生命なり」。体力をつけるにはやはり肉だ。栄養学会、医学会では高齢者に肉を食べなさいと勧めている。

日本食は日本人の長寿に貢献したが、さらに健康で長生きするためには、肉が大事だとされている。肉を好む人は元気で長寿だ。われわれの同好会の仲間は、肉の加工品を自分でつくって食べるというなんともいえない至福の時間を持ち、すばらしく贅沢な人生を楽しんでいる。どうですか、この本を読んでいただいている読者のみなさんも、手づくりのハム・ソーセージつくりにチャレンジし、至福の時間を共有しませんか。お手伝いしますよ。

杉山流つくり方の基本と勘どころ

●つくり方の手順

ハム・ソーセージのつくり方は、手づくりの場合も大手メーカーの製造工程もほぼ同じである。違うのは、大手メーカーは製品になるまでの期間が短く、手づくりはゆっくり、じっくりで、完成までの時間が長いだけだ。

ハム・ソーセージをつくるときの、原料となる肉の入手から完成までの大まかな流れを示すと図のようになる。

●杉山流のハム・ソーセージつくりのポイント

私のベーコン・ハム・ソーセージなどのつくり方の勘どころを表にまとめてみた。以下手順にしたがって、つくり方の勘どころを示してみたい。

ベーコン・ハムつくりの手順

原料入荷 → 整形 → 部分肉に分割 → 塩漬け → 水洗い（塩抜き） → 風乾燥冷蔵庫内 → 乾燥 → 燻煙 → 湯煮 → 冷却 → 仕上がり

ソーセージつくりの手順

原料入荷 → 整形 → 部分肉に分割 → 肩肉を挽肉にする → 挽肉 → 手で捏ねる → 挽肉を叩きつけて脱気する → 腸に詰める → 結紮する → 燻煙室で乾燥・燻煙を行なう → 湯煮 → 冷却 → 仕上がり

作業の勘どころ

工　程	作業上のポイント
原料仕入れ	ブロックで仕入れる。挽肉は粗引きにすると食感がよい
挽肉を捏ねる	肉の品温は 10℃までに抑える。捏ねた挽肉の結着力は 10℃が最高
塩漬け（湿塩漬法）	2 日に 1 度上下を入れ替える
水洗い	人差し指の太さの流水で行なう
風　乾	脱水シート（ピチットシート）に包み冷蔵庫に保管
乾　燥	室温 50℃で 2 時間行なう
燻　煙	室温 50℃で最低でも 2 ～ 3 時間行なう
湯　煮	湯温73 ～ 75℃で、湯煮時間は肉の厚さ（直径）1㎜につき 1 分間
冷　却	人差し指の太さの流水で行なう

1 整形

―豚肉の味は脂身にあり―ブロック肉の整形法を習得しよう

豚肉には不必要な脂肪、スジ・軟骨などが付いている。

半丸肉

整形とは、写真のような骨なし半丸肉から、スジ・軟骨などの不必要な部分を取り除く作業である。

写真では見えないが、裏側には脂肪がある。豚肉は脂身（脂肪）が美味である。この脂肪分をどの程度残すかによってハム・ソーセージなどの加工品の味が決まる。販売用には脂肪分が多いと売れないので取り除く。手づくりするときは脂肪分を残していたほうがよろしい。そのほうが美味である。豚肉の味のポイントは脂肪であることを忘れないように。

精肉で買う場合には、これらの不要な部分は原則的にはほとんど除かれているといってよいが、仕入れ先によってその取り除き方に差があることも知っておきたい。

私は塊肉を細かく分割する技術を習得しているので、仲間とバーベキューをするときには、ブランド牛モモ肉のランプステーキに使われる部位、ランイチと呼ばれる塊肉を肉問屋から直接仕入れて、バーベキュー用に使っている。私の仲間は安い参加費で、おいしいブランド牛を食べているという次第だ。読者のみなさんにも塊肉を分割する仕方を習得しておくことをお勧めしたい。牛、豚肉の料理範囲が広り、野外料理がさらに楽しくなることうけあいだ。まずは本書の第4章をご覧いただき、分割技術習得にチャレンジしてほしい。パソコンの遠隔サポートではないけれど、連絡いただければ、私がサポートしますよ。

2 塩漬け

―岩塩と砂糖の配合割合が食感の決め手

ハム・ベーコンをつくるときには、日本の漬物のような感じ

塩漬け液の注入＊

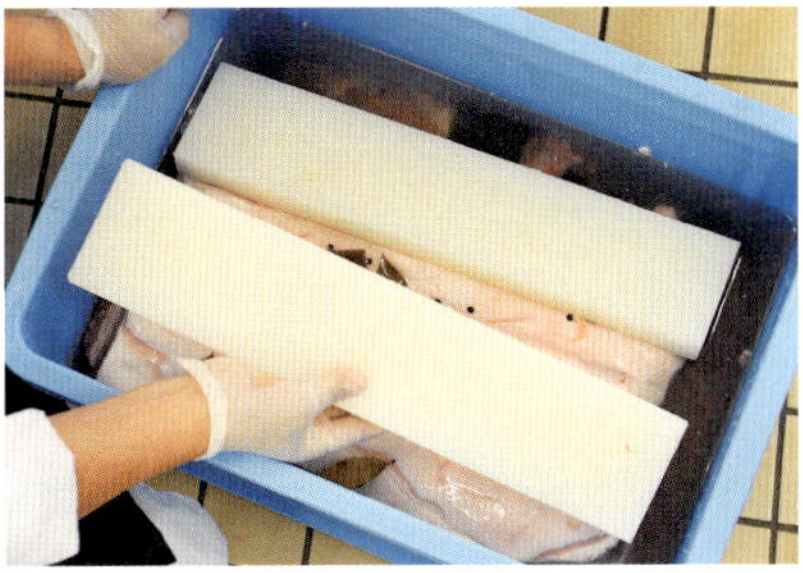

湿塩漬法。塩漬け液につけこみ重石で押さえる＊

で、肉の塊を必ず塩漬けする。その目的は防腐・保存・保水性・結着性の向上・風味の醸成にある。塩漬けの仕方には、湿塩漬法と乾塩漬法がある。

【湿塩漬法】

湿塩漬法は、塩漬け液を塊肉の内部に簡易注入器で浸透させた後、1週間漬け込むのが基本である。塊肉の隅々まで、まんべんなくゆっくりじっくり塩漬け液が浸透する。

湿塩漬法は、味にムラがなく塩漬け期間が短いなどの長所がある。塩漬けの方法の主流であり、広く一般的に行なわれている。

【乾塩漬法】

乾塩漬法は、肉の表面に塩をすり込むもので、日本の野菜の漬物と同じ方法である。塩漬け期間は3～4週間と長期にわたる。味にムラが生じないように、漬け込み期間中には何度も上下の入れ替えが必要である。期間が長いので近年は採用されていない。しかしヨーロッパでは生ハムの初期漬け込みはこの方法である。

【漬込み液の配合―砂糖をいかす】

私の場合、塩漬けは湿塩漬法である。塩漬け液（ピックル）は、塊肉2kgに対して、水2500ml、岩塩200g、砂糖125g、だし昆布1枚、月桂樹（ローリエ）2枚、粒ブラックペッパー3粒を基本の配合としている。この配合は、ロースハムでも、ベーコンをつくるときでも全て同じである。この配合されたものを鍋に入れ、80℃になるまで加熱し、冷却して使う。

砂糖を使うのは、食塩によるしゅうれん作用（収斂。タンパク質変性により、組織や血管を縮める作用）で赤身肉が締め付けられないようにするためで、食感がソフトになる。食べるときのソフトな感じは、肉がいかに水分を保持してくれるかによる。肉の保水性を保つ必要がある。

使う塩と砂糖の配合量は、仕上がったときの食感に影響を与えるので慎重に計量する。

【岩塩】

湿塩漬法でも乾塩漬法でも、使う食塩には岩塩が向いている。岩塩は、鉱物として産する塩化ナトリウム（ＮａＣｌ）で大昔、海水が陸上に閉じ込められ結晶化したものといわれている。岩塩の多くは、無色または白色に近い淡い色をしている。岩塩は長い間自然界に存在していたので、おのずからミネラル、亜硝酸などなどが含まれており、塩漬けには最適な塩である。産出国はアメリカ、ドイツ、イタリアが有名である。日本ではハム・ソーセージ輸入業者が取り扱っている。インターネット通販ではモンゴルやシチリア、ヒマラヤなどの岩塩も紹介されているが、１kg当たり２０００～３０００円が平均のようだ。岩塩は日本にはないので、私は業者がドイツから輸入したものを使っている。ハムつくり同好会の仲間には便宜を図り、斡旋している。この本を読んで下さっている読者にも便宜を計りたい。１kg当たり２０００円で提供できると思う。

3 水洗い（脱塩）

―人差し指の太さの流水を掛け流す

塩漬け期間が終了したら塩漬けした塊肉を流水で水洗いする。水道の流水で行なう。時間が短いと塩味が残る。水洗いの目的は塊肉全体の塩分を一定にし、味を調えることにある。水流は人差し指の太さくらいがよい。

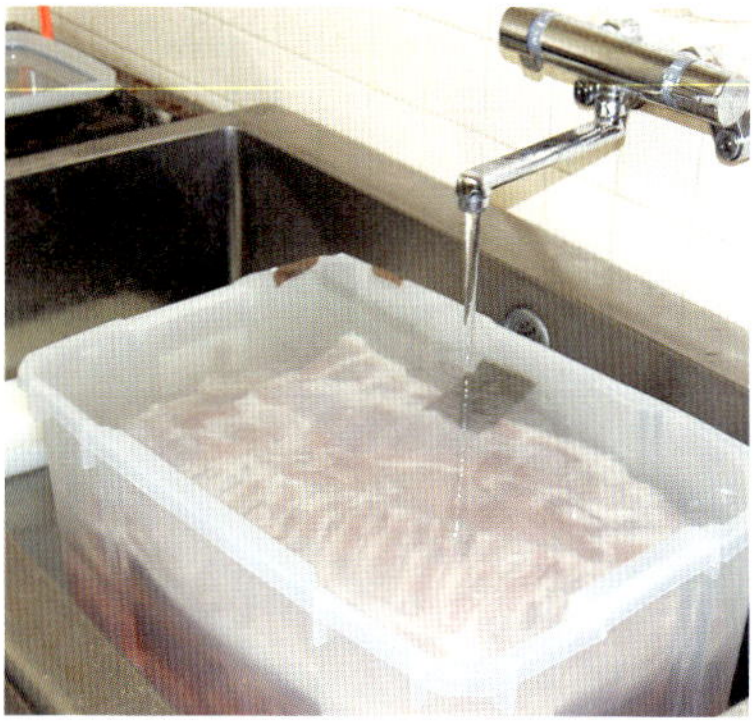

水洗い。人差し指の太さの水流で掛け流しに＊

水洗いの時間はロースハムなら1時間30分、ベーコンなら50分間行なう。水洗いを流水ではなく、水をためた状態で行なう人がいるが、これでは塩分はなかなか抜けきらず、仕上がった後も塩分が残り、しょっぱいといわれる。必ず流水で行なう。掛け流しでは、水道代金がもったいないという家人がいる。もっともだが、家族を説得して行なうこと。うるさい家族もおいしい仕上がりを口にすれば、次回から文句はいわなくなるもの。必ず掛け流し状態で行なうことが大事である。水洗いの程度が分からないときには、塊肉の端をナイフでカットして試食することをお勧めしたい。

4 乾燥

―冷蔵庫での風乾に脱水シートを、燻煙室（器）での乾燥は50℃保持

水洗いをしたら、塊肉を冷蔵庫で24時間風乾させる。家庭用冷蔵庫なら、スペースの問題もあるので脱水シート（商品名は「ピチットシート」オカモト㈱製）に包んで冷蔵庫に保管する。

脱水シートは表面の水分を吸い取る性質を持っている。24時間くらいで塊肉の表面の水分を吸い取ってくれる。シートを使えば、さらに乾燥度合を上げることができ、燻煙の際に煙ののりをよくする。

冷蔵庫での風乾＊

24時間乾燥させた後、冷蔵庫に保管しておいた塊肉を、乾燥室に移動してぶら下げる。乾燥室は燻煙室（器）と同じでよい。乾燥室の温度は50℃が最適。変動があっても40～50℃に保つこと。サラミソーセージのように、48時間の長期間乾燥のあと、さらに24時間の燻煙をする場合には、温度を30℃前後にする。通常、10時間を超える乾燥・燻煙は長時間と考えてよい。

5 燻煙

―50℃保持、30分間隔で種火点検、燻煙中席を立たない

燻煙は、50℃でゆっくりじっくり行なう。燻煙によって、貯蔵性や風味がよくなる。昔は保存性をよくすることが目的だったが、いまはむしろ嗜好性がアップすることに重きがおかれる。燻煙成分には殺菌作用があり、微生物の発育を抑える。燻煙することで、水分活性[※]は低下し貯蔵性が増す。食品の貯蔵性は水分活性に左右される。

燻煙時間は自分の好みの燻煙色で決める。

※水分活性（Aw:water activity）：食材の水分は、自由水（free water）と結合水（bound water）から成り立っている。結合水は他の物質（塩分、砂糖など）と結合している。自由水は全くのフリーで他の物質と結合がない。この自由水が多いと、腐敗の速度が速い。水分活性とはこの自由水の割合のことをいう。

燻煙方法には低燻煙法（35℃）、温燻煙法（50℃）、熱燻煙法（70℃）の三通りがある。サラミソーセージやスモークサーモンのように、長時間燻煙を行なうときは低燻煙法で、ロースハム・ベーコン・ウインナーソーセージのときは温燻煙法で行なう。

私は、熱燻煙法を利用していないし、読者のみなさんにも勧めない。理由は製品の周りだけ硬くなり、内部は軟らかい状態に仕上がってしまうからだ。特にウインナーソーセージなどは熱燻煙で行なうと、腸の表面に内部の脂肪がにじみ出てくる。これは、乾燥・燻煙の温度が高いために、肉と脂肪分のエマルジョン（乳化状態）が破壊されて、脂肪と肉が分離し、脂肪分がケーシングに使った腸の表面ににじみ出て来るからである。にじみ出た脂肪分は、湯で洗浄しても落ちない。一本ずつ布で拭くことになるが、拭いてもなかなか落ちない。保存性も低下する。触ると表面がぬるっとした脂であるのがわかる。脂肪分がにじみ出てきたら失敗である。初心者はなぜか、不思議に、熱燻煙法になりやすい。燻煙器内の温度によくよく注意されたい。

【燻煙材—乾燥した桜の原木が最高】

燻煙材はホームセンターのアウトドアーコーナーで買える。燻煙材にはスモークウッド、桜のチップ、桜の原木がある。スモークウッドは煙の色艶はよいが、香りが不足している。桜のチップ、桜の原木は色艶、香りともよい。桜の原木を使うときは、2～3年間寝かして少し乾燥させたほうがよい。

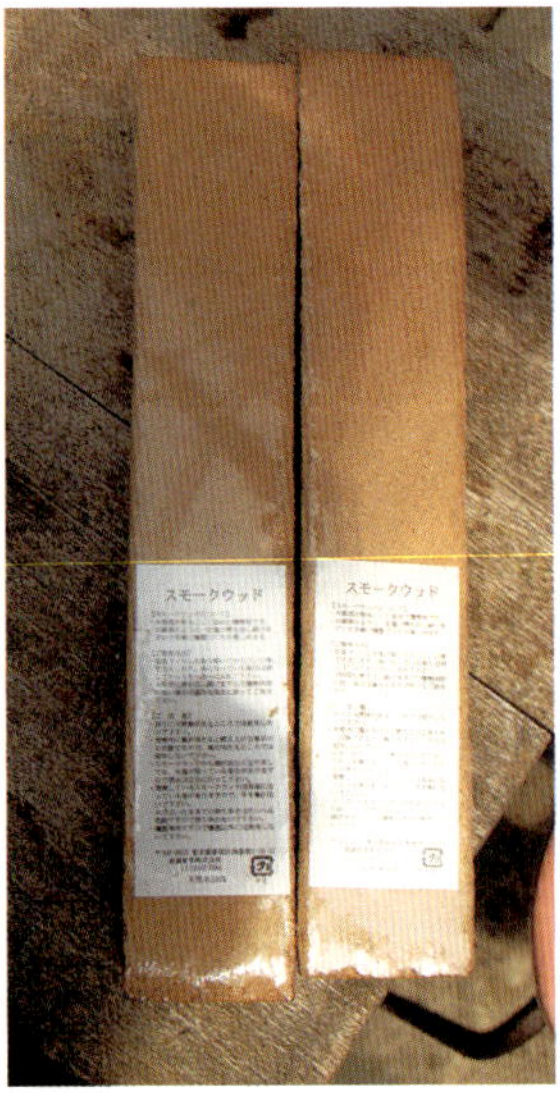

市販のスモークウッド＊

燻煙器内の種火としては、火鉢に炭火がよい。室内を50℃に保つので、ぶら下げている肉の塊から肉汁が垂れてくる。垂れると炭の灰が舞い上がる。肉汁が垂れてもよいように種火の上に鉄板、あるいは火に強い敷物（鍋）を受け皿としておくことをお勧めしたい。この工程では製品の水分が蒸発する。乾燥・燻煙を行なう時間によって多少は異なるが、重量で3～10％目減りする。

一番注意することは、煙が出るので、火事と間違われないことである。現にわれわれの仲間は、ご近所さんや通行人から、「煙が出ていますよ。大丈夫ですか」といわれた経験がある。蓋つきバーベキューセットからの煙は、不思議に思われないが、縦型の燻煙器（とくにロッカーなど）からの煙には、敏感に反応するようだ。

燻煙を行なう時間は、人それぞれである。燻煙器のサイズ、種火の火力の強弱などによって燻煙を行なう時間は異なる。自分の考えていた燻煙色になったら終了である。

私から読者のみなさんへのアドバイスは、乾燥・燻煙器内温度は常に50℃を保ち、燻煙中は席を外さないこと、30分間隔で種火と燻煙材をチェックすること、種火が不足していたら補充する、燻煙を行なっている時間帯はまさに至福の時間帯と考えようということだ。仕上がれば、実に美味なるものを食べることができる。とりわけ、サラミソーセージのときの燻煙は種火を弱くし、じっくり長時間行なうことが大事なポイントになる。途中で種火が無くなることもあるが、補充はしない。私は最低でも24時間行なうことにしている。

温燻煙法。ボウルの中にスモークウッドが入っている＊

趣味で自分や家族のためにつくるベーコンなら、料理に使うときは加熱するので、この燻煙で終了にしてよい。この状態で料理に使うと、まさに美味このうえなし。

なお、第三者に販売する目的でつくっている場合は、必ず湯煮を行なう。

6 湯煮
―肉の厚さ1㎜につき1分間

湯煮は、温度を73～75℃に常時保ち、湯煮時間は製品の直径1㎜につき1分間の計算で行なうことを基本にする。この条件なら、厚生労働省で指導している、製品の中心温度65℃で30分間湯

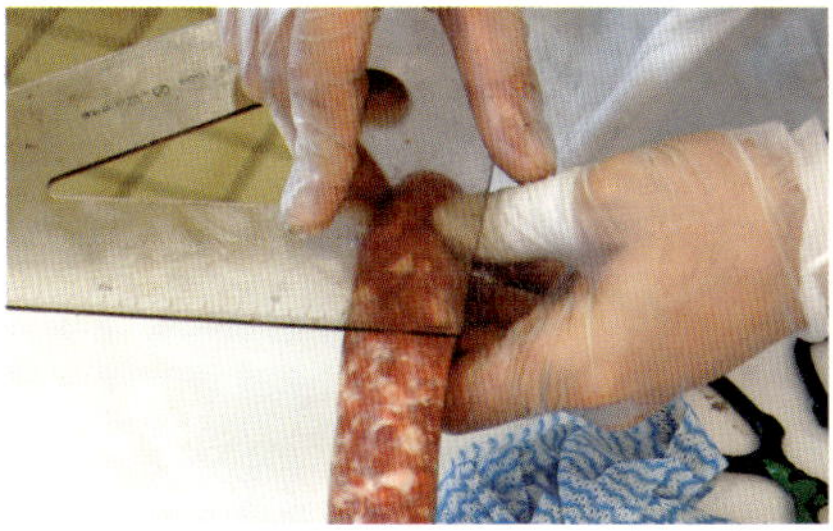

湯煮。直径を測り、湯煮時間を設定する＊

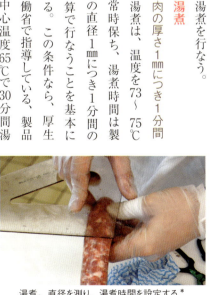

湯煮。煮釜の湯は73～75℃に＊

煮せよという殺菌条件をクリアできる。

製品の直径1㎜につき1分間の湯煮とは、ウインナーソーセージの直径が20㎜なら、20分間湯煮すること。ロースハムのように直径80㎜くらいのときは80分間湯煮することになる。

湯煮の目的は肉の中の微生物の殺菌と風味の向上を図り、タンパク質に熱変性を起こさせ、肉にほどよい硬さを与えることである。

7 冷却

―人差し指の太さの流水で、肉の厚さ1㎜につき1分間

冷却は、水道水の掛け流しで行なう。太さ20㎜のウインナーソーセージなら20分間、太さ約80㎜のロースハムなら80分間がよい。あら熱が取れたらすぐに冷蔵庫に保管することが大事である。

冷却の目的は湯煮で生き残っていた微生物の繁殖を抑え、味を封じ込めることにある。

8 冷却保管

―4℃で冷蔵、1週間が限度、それ以上は冷凍に

すぐに食べない場合は4℃の冷蔵庫に保管する。できあがったハム・ソーセージはその場ですぐ食べられる。つくった人だけが味わえる至福のひとときである。すぐに食べないときには、冷蔵庫に保管することをお勧めしたい。4℃の冷蔵庫が最適だ。できあがったハム・ソーセージはまったく添加物を使っていないので、保存性が悪い。スーパーで販売されているような、添加物を使ったハム・ソーセージの感覚で保存しないように。

無添加で手づくりの場合は、冷蔵庫での保存期間は1週間が限度。1週間以内に食べないようなときには、冷凍保存する。

保存方法は製品をラップで包んで、冷凍やけしないようにする。保存期間の限度は1か月程度である。

肉の特性を生かすために

●脂肪の融点が低い豚肉―口の中で溶ける脂肪

料理の後の洗いものをするときに、豚肉料理のときと、牛肉を使うすき焼き料理のときとでは、あぶら汚れの落ち具合に差があるのに気づく。豚の脂肪はぬるま湯でも落ちるのに、すき焼きの鍋の脂はぬるま湯では落ちない。熱湯をかける人もいると聞く。どうしてか。それはそれぞれの食肉の脂肪の融解する温度の違いによる。食肉と一括りにいうが、それぞれの脂肪の融解温度は表のように異なっている。

畜種ごとの脂肪融点

牛	40～56℃
羊	44～49℃
豚	28～48℃
馬	29.5～43.2℃

ヒトの体温に近い38℃を中心にして、融点が38℃以下の脂肪はヒトの口の中に入ると溶けるが、38℃以上の場合には脂肪が口の中では溶けにくい。馬刺しがおいしいのは、馬の脂肪の融点がヒトの体温に近いからだ。牛刺しの場合は、牛の脂肪が口の中で溶けないので、霜降りの牛刺しより、赤身の牛刺しがおいしいということになる。

このことは弁当のおかずにもいえる。弁当を温めない状態で食べるとすれば、豚脂肪は38℃で溶けるので弁当のおかずに向いている。霜降り牛肉は、脂肪の融点が40℃以上なので、口の中で溶けない。だから弁当のおかずに向いていない。牛肉を弁当に入れるなら赤身肉が向いているといえる。霜降り牛肉を弁当に入れたときは、弁当を50℃以上に温めてから食べることをお勧めしたい。

●スパイスは単品を自分で配合

◆単品スパイスの配合例

私が執筆した本（「地域食材大百科」第13巻ハム・ソーセージ・ベーコン　2013年　農文協刊）を読んだ読者から、「文中に使われているスパイスは配合されたものではなく、単品を組み合わせて使っているのですね」といわれた。私は常に単品を組み合わせただけのものを使ってきた。私のようなプロにとっては、ソーセージの原材料、スパイスの配合は自分の腕の見せどころ、すなわち自分の製品をアピールする場と考えている。だからスパイス会社が配合したスパイスは使わない。

私が利用しているスパイスは、㈱小野商事から購入している。この会社はドイツの食肉加工機械の輸入専門業者なので、スパイスもドイツから輸入している。輸入しているスパイス会社名は「インダシア社」という。スパイスは1kg単位で販売されている。読者のみなさんが注文しにくいときは私に連絡いただければ小分けしてさしあげる。

私がドイツで購入した本で、現在も参考にしているものがある。ドイツの食肉新聞社の出版になるもので、総ページ数は712ページと分厚いが、スパイス単品の使用量を原材料1kgあたりに○○gと書かれていて非常に分かりやすい。

ちなみに、この本の書名は「Die Fabrikation feiner Fleisch und Wurstwaren」で著者はFreischmeister Hermann Kochである。

私は、この本を参考にしてスパイスを配合している。参考までにこの本をもとにして私なりに手を加えた配合例を、表にまとめた。使ったスパイスの種類を見ると、ペッパー、ナツメグ、ガーリックが主体である。スパイス専門家によると、肉料理にはこの3種類のスパイスがあれば十分だという。辛味作用のペッパー、臭いづけの作用をもつナツメグ、臭み消しの作用のあるガーリック、この3種類の組み合わせ配合で、さまざまな味を醸し出すことができるとされている。

スパイスの配合例

（いずれも原材料※1kg当たり）

■ウインナーソーセージ
■フランクフルトソーセージ

食塩	7g
ホワイトペッパー	4g
ナツメグ	1g

■ビヤーソーセージ

食塩	7g
砂糖	2g
ホワイトペッパー	2g
ナツメグ	1g
ガーリック	2g
粒状マスタード	2g

■ボイルサラミソーセージ

食塩	7g
砂糖	2g
ブラックペッパー	2g
ガーリック	1g
オールスパイス	1g

■ミートローフ

食塩	7g
ブラックペッパー	5g
ナツメグ	1g
ガーリック	0

＊本来は原料肉と記述すべきところを原材料と記述している。この意味は、業務用のソーセージをつくるときに、食感をよくするためと肉温上昇を阻止する理由で氷を使用するが、原料肉と氷を加えたものを、原材料と表現している。使用している食塩使用量はドイツのレシピ本では1kgあたり12gとなっているが、今の日本の消費志向に照らせば、この量では塩分が強すぎるので、やや減らして使用している。

◇スパイスの四つの基本作用

スパイスを上手に使いこなすにはスパイスの働きについて知ることが大事である。スパイスには、臭み消し、臭いづけ、辛味づけ、色づけの四つの作用がある。それぞれの作用に応じてスパイスを分類すれば、以下のようになる。

【矯臭作用（臭み消し）】

ジンジャー、ローズマリー、オニオン、ガーリック、タイム

【賦香作用（臭いづけ）】

オールスパイス、バジル、セロリ、シナモン、ミント、ナツメグ、セージ

【辛味作用】

マスタード、ペッパー、ジンジャー、ガーリック、オニオン

【着色作用】

パプリカ、ターメリック、マスタード

なお、臭いづけにかかわるスパイスとして挙げたオールスパイスは、これ一つでグローブ、ナツメグ、シナモンの香りがするので、この名前が付いている。

【抗菌・防腐効果】

またこのスパイスの働きで忘れてならないのは、スパイスには抗菌・防腐効果があることだ。エジプトのミイラの保存にクローブ、シナモン、クミンが使われたり、マヤの遺跡のミイラの保存にオールスパイスが使われたりしたことから理解できる。使うスパイスの量が多いと、保存性が増す。

◇スパイスの味による分類

【辛味を感じるもの】

ワサビ、ペッパー、ジンジャー、オールスパイスなど

【ほろ苦さ】

ターメリック、セージ、オレガノ、マジョラムなど

【甘さを感じるもの】

シナモン、パプリカ、バニラなど

【さわやかな味】

ミント、ペッパーなど

スパイスを使うときにはスパイスの四つの基本作用と味による分類を参考にして、スパイスの配合を考えると独自の味を出せる。

●冷凍肉、冷凍をいかす

◇流水解凍法と氷水解凍法

冷凍肉解凍のポイントはドリップ（肉汁、遊離した水分）を出さないことだ。

肉専門の安売り店には冷凍の塊肉（ブロック）が販売さ

れている。冷凍のブロック肉はほとんどが輸入品である。確かに価格は安い。同好会の仲間もときどき購入するのだが、どのように解凍したらよいのか、解凍方法が分からないのが実情である。1970年代のハムメーカーの解凍方法はプールのような大きな水槽に水をためて、その中に冷凍肉を入れて解凍していた。その解凍方法は肉のうまみ成分が流れてしまうので、最近は採用されてない。私がドイツで1972（昭和47）年頃に出合った解凍方法は室温を一定に保って解凍する方法であった。最近、日本もそのような方法を採用しているところが多くなった。

【流水解凍法】

趣味でベーコンやハムをつくっているみなさんに、お勧めしたい解凍方法は二つある。流水解凍方法と氷水に浸す方法である。流水解凍法は家庭のキッチンの水道水を利用する。まず、ボウルに凍結されている肉のブロックを入れ、水道水を小指くらいの太さの流水にし、掛け流し状態で解凍する。肉のブロックには水が直接触れないように、ビニール袋で密閉しておくことがたいせつ。流水解凍は、多量の水を使うので、北海道のある会社が雨水を利用していたというが、これは食品衛生法違反である。

【氷水解凍法】

二つ目は氷水に浸す方法である。凍結されて保存されていたから、急に水道水を使って解凍するのでなく、できるだけ保存されていた条件に近い状態で解凍しようとするものである。まず、ボウルに氷をいれ、水をボウル一杯にする。次に、そのボウルの中に凍結した肉のブロックを浸して解凍する。この解凍法は、解凍に時間を要するのが短所だが、肉のドリップ、すなわちうまみ成分の流失が少ない。

【井戸水の品質】

食品に利用する井戸水は細菌検査を受けることになっている。検査で異常なものが検出されたら使用禁止だ。検査機関から指摘されるはずだ。検査で非常に強い毒性のシアン化合物が検出され、後日返品の山になったハムメーカーがあった。特に井戸水を使っている家庭では、定期的に細菌検査を受けることをお勧めしたい。これを執筆している時点では、細菌検査（一般細菌、大腸菌）は3130円、理化学検査（亜硝酸体窒素、pHなど）は4750円である。

◆残った生肉も上手に冷凍保存

―「砂糖水10秒浸し」で凍結が有効

冷凍やけ防止のために、砂糖水に浸してから冷凍する。スーパーの特売で生肉を購入して、すぐに利用しないときには、冷凍保存が最適である。冷凍保存の欠点は「冷凍やけ」を起こすことである。この「冷凍やけ」さえ回避できれば、解凍後の料理に使ったときにも、おいしさが増す。砂糖水への10秒間浸しは、冷凍やけをクリアする最新の方法だ。

0・1％の砂糖水に10秒間浸して、冷凍する方法は以下の通り。水１０００mlに、砂糖１gを添加して攪拌し、0・1％の濃度の砂糖水をつくる。この中に生肉、すなわちスライスされた薄切り肉、ブロック肉などを10秒間浸し、ビニール袋で密閉して凍結する。

砂糖水に浸すことで肉の表面から水分の蒸発を防止できる。水分が保持されているので解凍後、料理して食べたときの食感は、ぼそぼそ感がない。この方法はスライス肉、ブロック肉にも使える。

道具を選ぶ

●使う道具と機器類

ハム・ソーセージは、特別な器具・機械がないとつくれないのではないか、と考える人が多いが、そんなことはない。ハム・ソーセージつくりの起源をたどれば、専用の器具などない状態で偶然に始まったものと思われる。ハム・ソーセージつくりの起源は、人間が火を起こすことを考えたときからである。当時は調理に使うということでなく、ただ単に暖をとるために火を燃やした。当然ながら煙が出る。その煙がぶら下がっている肉の表面を覆う。その結果、肉に香ばしさが出て、保存性も出た。さらに肉をハーブスパイスの一種であるセージに包んでみたら、セージの香りが肉について風味はもちろん、保存性もよくなった。

このようにハム・ソーセージつくりは、狩猟民族の生活の知恵から生まれたといえよう。こうした体験を経て、より上手にハム・ソーセージをつくるために、時代とともに必要な器具・機械が考案・改良されてきた。

ハム・ソーセージの本場といえば、誰もが認めるのはドイツであり、使う器具機械も当然本場はドイツである。

●豚肉の加工に必要な器具・機械

ハム・ソーセージに使う豚肉は、骨を除いた状態で肉問屋あるいは肉屋から購入する。購入後は4℃の冷蔵庫に保管し、冷却する。

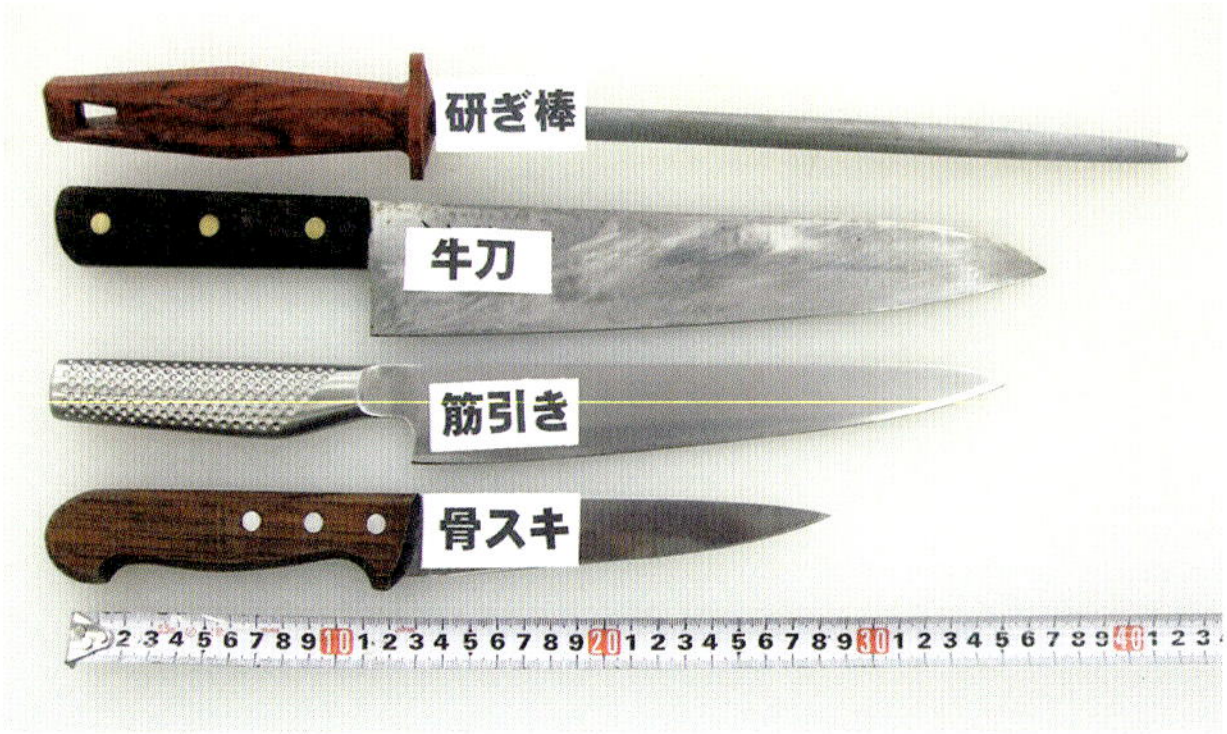

包丁、ナイフとヤスリ

冷却後、豚肉に付いている余分な脂肪、スジ、軟骨を取り除く整形作業を行なう。つぎにハム・ソーセージ・ベーコンなどにする部位ごとに分け、分割された肉の塊を塩漬けしたり、タレ付けしたり、ソーセージ用の挽肉にしたりする。これが大まかなハム・ソーセージつくりの流れだが、この流れにそって必要となる器具機械について述べたい。

◇ナイフ・包丁

肉を処理するには、ナイフが不可欠である。写真に肉の整形に使われるナイフとヤスリを示した。肉の整形には牛刀、筋引《すじひ》き、骨スキなどのナイフが使われる。肉加工に使うものはいずれも片刃で、刃渡りでは牛刀が一番長く、あとは筋引き、骨スキの順になる。作業終了時には脂肪が付いているので、必ず湯で洗い、水を切り保管する。また作業中常に切れ味を維持しておくには、ナイフの切れ味が劣ったと感じるときに、研ぎ棒（ヤスリ）を使い、作業中でもこまめに研ぐことを勧めたい。

ナイフ・包丁は基本的に毎日砥石で研ぐ。研ぎ方は、刃のついている側を図のように上から見て砥石と包丁の角度が45度になるように、また刃と砥石の接点も45度にな

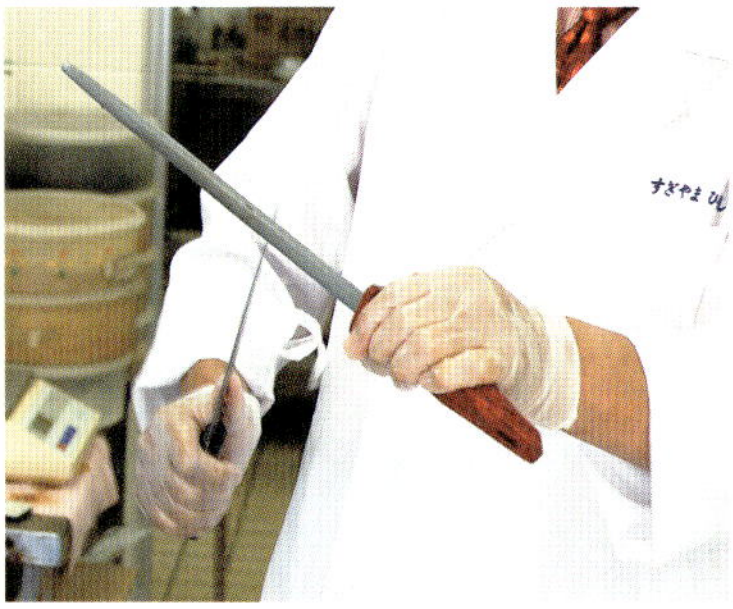
作業の途中でも合間をみて包丁を研ぐ

るようにして研ぐ。研ぐうちに、反対側の平らの面に、バリ（触るとざらざらする感触になる）が生じる。そのバリを取るために、刃を裏返して砥石に平らにあてがい、5回ほど研ぐ。素人はバリを取るときに研ぎすぎるので、切れなくなる。

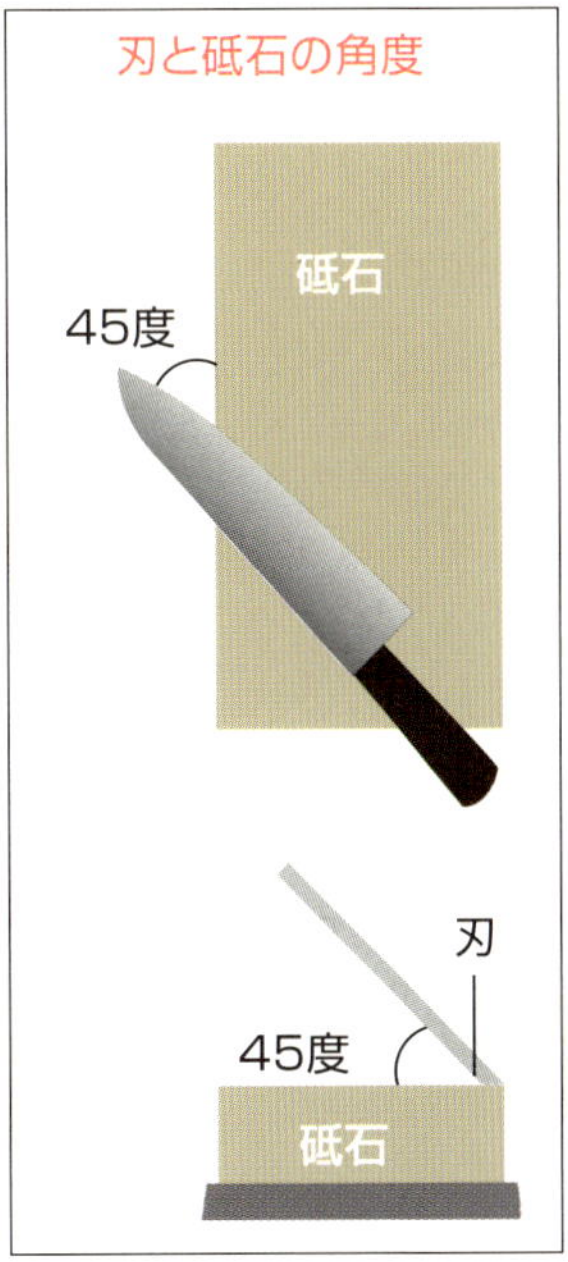

包丁選びのコツは、目的に合った物を選ぶこと、かつ実際に柄を握ってみて、手のひらにフィットする物を選ぶことである。

【牛刀】

英語ではchef's knifeと呼ばれている。直訳すると料理長のナイフとなる。おもにブロック肉の切り分けや、ロース肉を切り身（トンカツ用）にするのに使う。写真のように幅があって長いので使いづらいかもしれないが、刃の先から根元まで切れ味するどいナイフである。

【筋引き】

肉と筋を切り離すときに使う。牛刀を細身にした形である。このナイフの特徴は刃の先から半分くらいを使うナイフであること。ナイフを使い慣れると使いやすいタイプである。プロのわれわれも一番使う回数が多い。

【骨スキ】

英語ではboning knifeと呼ばれている。名前のように骨から肉を切り剥がすために使う除骨用ナイフのことで、日本では捌《さば》きとも呼ばれている。骨抜きに使うので、刃が少々厚い。初心者は結構喜んで使うナイフである。筋引きでは刃渡りが長く、怖さが先行してしまうのかもしれない。

【研ぎ棒（ヤスリ）】

棒ヤスリとも呼ばれる。プロは研ぐというよりも、ナイフの表面に付いた脂肪を取り除くようにして使っている。ナイフの切れ味が劣ったと感じるときに使う。使用方法は、研ぎ棒に対してナイフを45度の角度であてがい、ナイフを滑らせる。6回くらいで十分である。

◆冷蔵庫

趣味でつくるときには家庭の冷蔵庫で十分である。

◆簡易注入器

ハムをつくるときに塩漬けを行なう。そのときに塩漬け液を肉の中心部に注入する器具である。半業務用でドイツ製なら2万5000円前後である。この器具がないときはフォークや竹串で代用できる。

◆ふたつきバット

塩漬けしたハム・ベーコンの塩漬け保管用。タッパーでもよい。

◆チョッパー（肉挽き機）

挽肉にする機械である。100V、200Vがある。200Vは業務用である。趣味で使うなら100V用で十分である。仲間同士で楽しむなら、手で回す手動用で間に合う。手動用も実際に使ってみると、一度に5kgくらいまでは処理できる。仲間と交代しながら、ハンドルを回せば、作業も楽しくなる。材質は鋳物なので頑丈である。分解しやすく、掃除も楽にできるので、衛生的に保管ができる。最近は公民館で購入しているところが多い。購入するときは自分で現品を確認することをお勧めしたい。インターネットで購入もできるが、やはり実物を見るのがベストである。購入する際の注意点は、調理台にストッパーで固定する方式なので、きちんと固定でき安定しているものを選ぶこと。

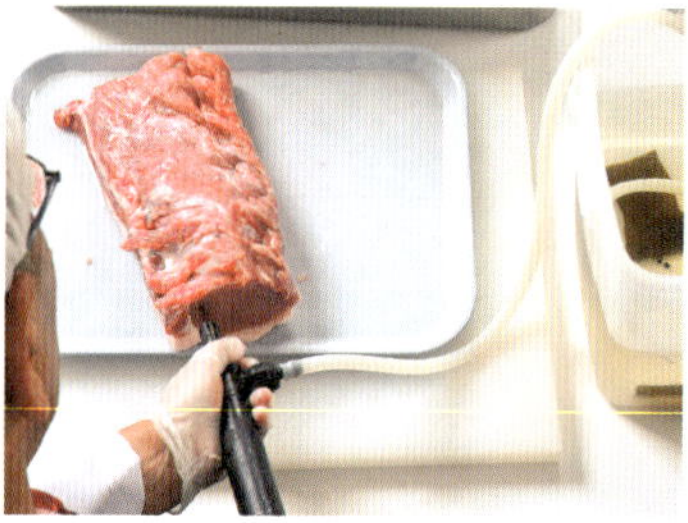

簡易注入器＊

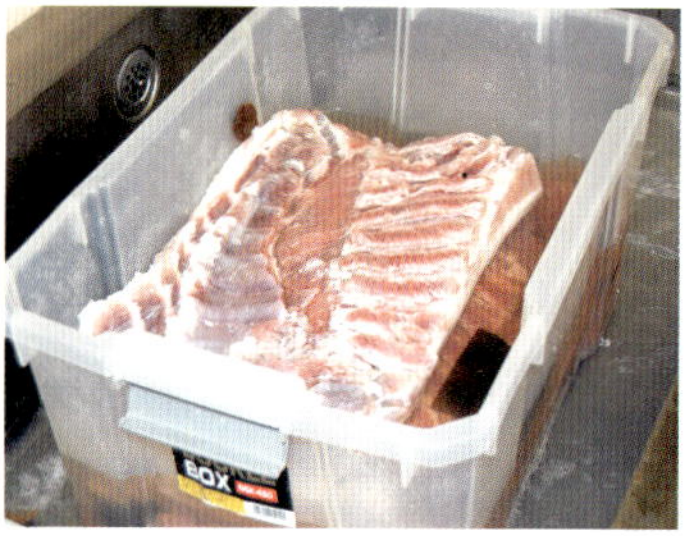

塩漬けに使う蓋付きバット＊

チョッパー（肉挽き機）＊

◆充填機

挽肉を腸に詰める機械である。半業務用として、挽肉を入れられる容量が6kg用、12kg用、14kg用がある。右手で回し容器内の挽肉をプレスして押し出す。プレスされて押し出された挽肉を、左手を腸に添えて詰める。充填機は、調理台にボルトで締め固定して使うが、取り外しは簡単にできる。材質も洗浄しやすく衛生的である。ドイツ製でメーカー名は「dick」、耐用年数は10年以上である。私がこれまで使った充填機の中でも、機能性も、衛生面からも、最高のレベルといえる。同好会などで常時ハムつくりに使う公民館の調理室には、設置を要請するのも選択肢の一つかもしれない。

体験学習のときに使われることが多い手動用充填機もあるが、容量が小さく、壊れやすいのが欠点である。価格は4000円前後である。

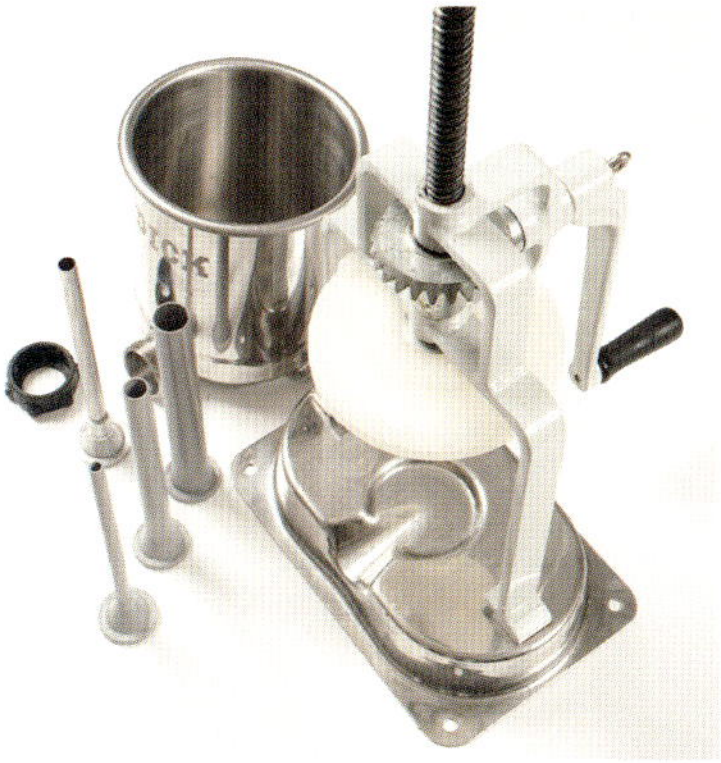

充填機。押し出し口の口径を交換できる＊

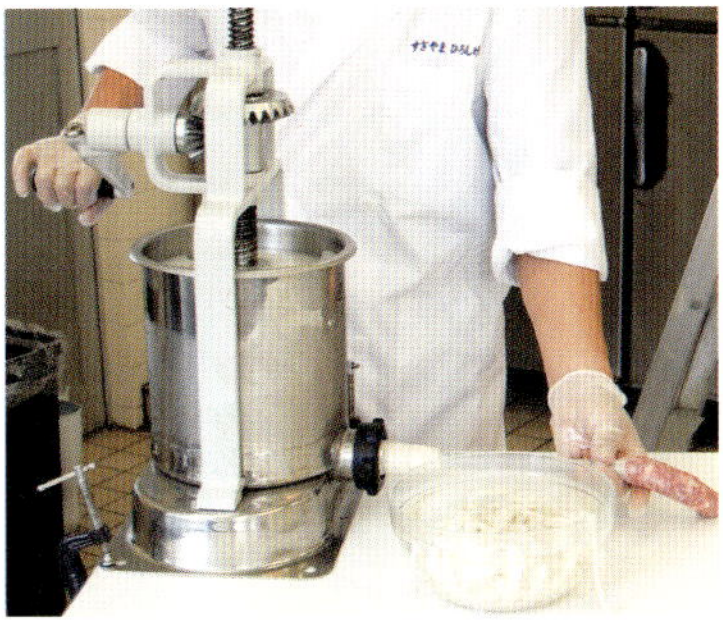

充填機による腸詰め

体験学習などで使う押出し式の簡易充填機

◆乾燥・燻煙器

燻煙の前に必ず製品の表面を乾燥させる。目的は煙ののりをよくするためである。表面が濡れていると煙色は付かない。ドイツではサラミソーセージなどは2階建ての納屋で乾燥・燻煙を行なっていた。趣味の範囲で小規模で行なうなら、事務用のロッカーがよい。改造の必要ないものを選択するとよい。郊外のＤＩＹショップには1万円前後で販売されている。煙の効率、防火ともに優れている。市販の蓋つきバーベキュー用機器も使い方が手ごろでお勧めできる。

燻煙器については、私の同好会会員が考案した燻煙器なども紹介しながら、のちほど項を改めて述べるので参考にされたい。

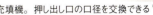

◆燻煙材

燻煙材は桜の樹がよい。2～3年寝かして乾燥させたものが最高の香りを出す。桜の樹がない場合はスモークウッドをお勧めしたい。スモークウッドは樹の粉をプレスして固めた状態のものである。桜の樹をチップ状態にしたものも販売されている。スモークウッドは煙ののりはよいが、香りが不足気味である。その点チップは香りがよい。燻煙の樹は国によって異なる。その国のシンボルツリーが燻煙に使われていることが多い。

燻煙材の桜の木。2年くらい乾燥させると香りが際立つ＊

◆ロースハム充填機

ロースハムをファイブラスケーシング（植物繊維を使ったケーシング）に充填するときに使う。市販されている丸いロースハムをケーシングに詰めるときにこの充填機を使う。手づくりの場合はファイブラスケーシングを使わないから、この充填機は必要ない。

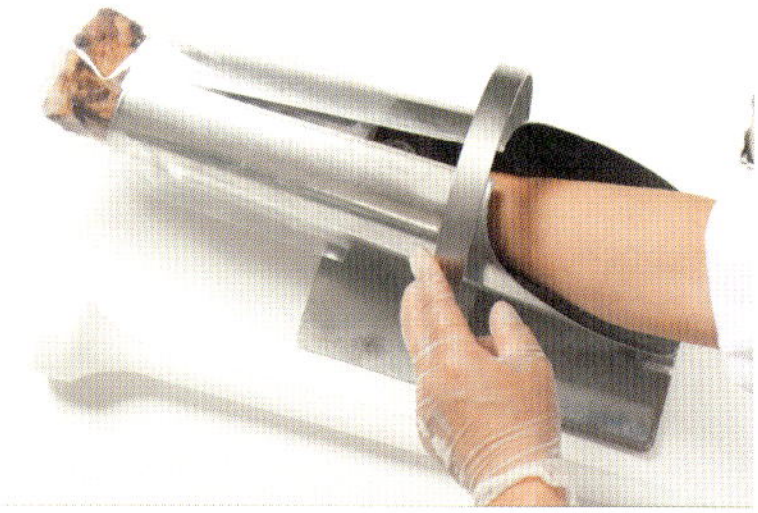
ロースハム充填機＊

◆豚腸などのケーシング

ソーセージを充填するケーシングには豚腸や羊腸などの天然ケーシング、コラーゲンを使ったもの、植物繊維やプラスチックなどを原料にした人工ケーシングがある。

豚腸や羊腸は、と畜後に腸を裏返して腸内部まで洗浄され、そのあと塩漬けされ、塩蔵される。塩蔵品なので、使うときには、まず流水に2時間くらいさらし塩分を除く。さらに40℃の湯の中に最低24時間くらい浸しておく。浸すことで腸にふくらみが生じ、水が浸入しやすくなり、腸内に残っていた塩分も除去され、塩蔵中に収縮していた腸に伸張性が生じる。湯に浸すと腸が破れやすいのではと思うかもしれないが、腸は強い。長時間浸しても破れることはない。湯に浸したあとは、室温に放置す

ソーセージに不可欠の各種ケーシング＊

る。冷蔵庫には入れないこと。冷蔵すると水が冷えて腸の伸張性がなくなる。腸に水が残っているので、使う前に指で腸から水を搾り出すことが大事だ。使うときに伸縮性（弾力性）が乏しいと感じたら、40℃前後の湯に浸すことを勧める。浸すことで伸縮性が増す。人工ケーシングは、特に心配することはないが、豚腸・羊腸に比べ見た目や食感が落ちるのは否めない。

豚腸は体験学習で使われる程度で需要は少なく、売れ行きがよくないので、市販されていることが少ない。国内で使われているものは、ほとんどが輸入品である。どこで販売されているかよく聞かれる。手づくりソーセージつくりを奨励している私は大変心苦しかったので、２０１４年からは私自身が受講生に２ｍ単位で販売（２０００円）するようにした。もし必要ならご連絡ください。

◆S状フックなどの吊り具

ベーコンをつくるときにぶら下げる器具。ベーコンの完成時に形が不ぞろいにならないように一つの塊に2個必要である。

◆鍋

ソーセージや他の商品を湯煮する湯煮用鍋である。回転

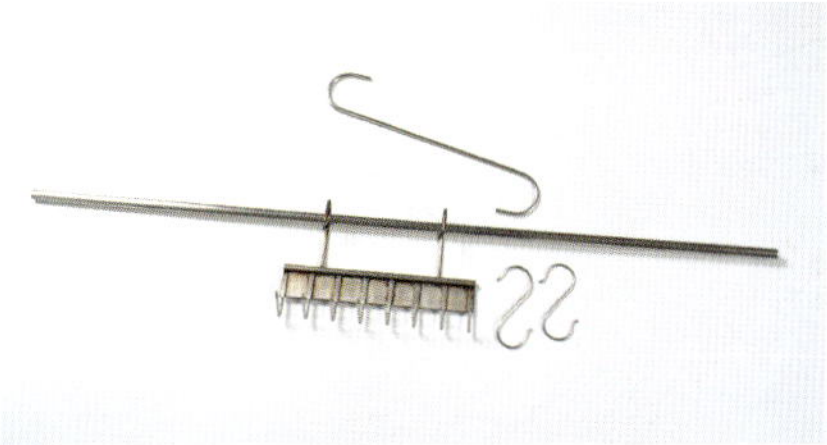

燻煙に使う吊り金具 *

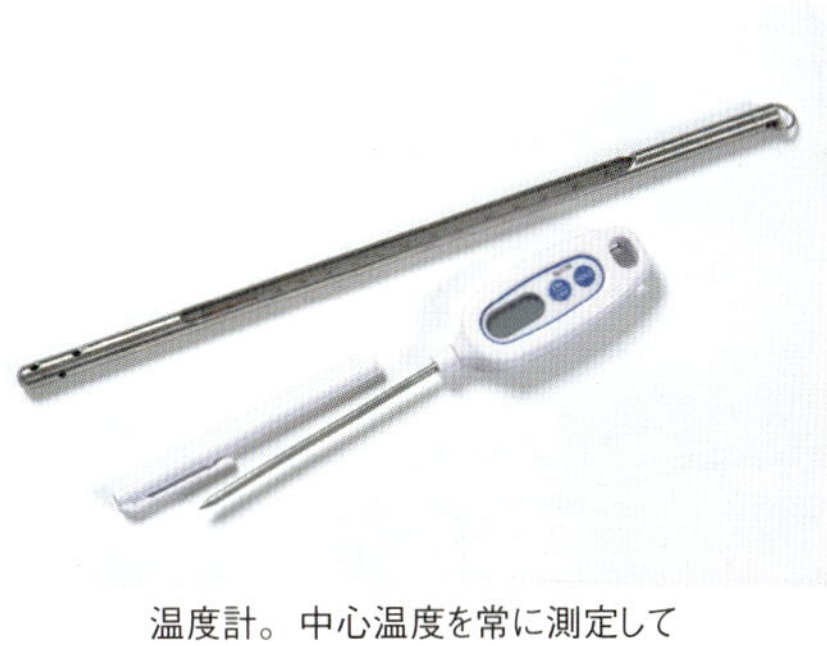

温度計。中心温度を常に測定して作業を進める。安全確保にかかせない *

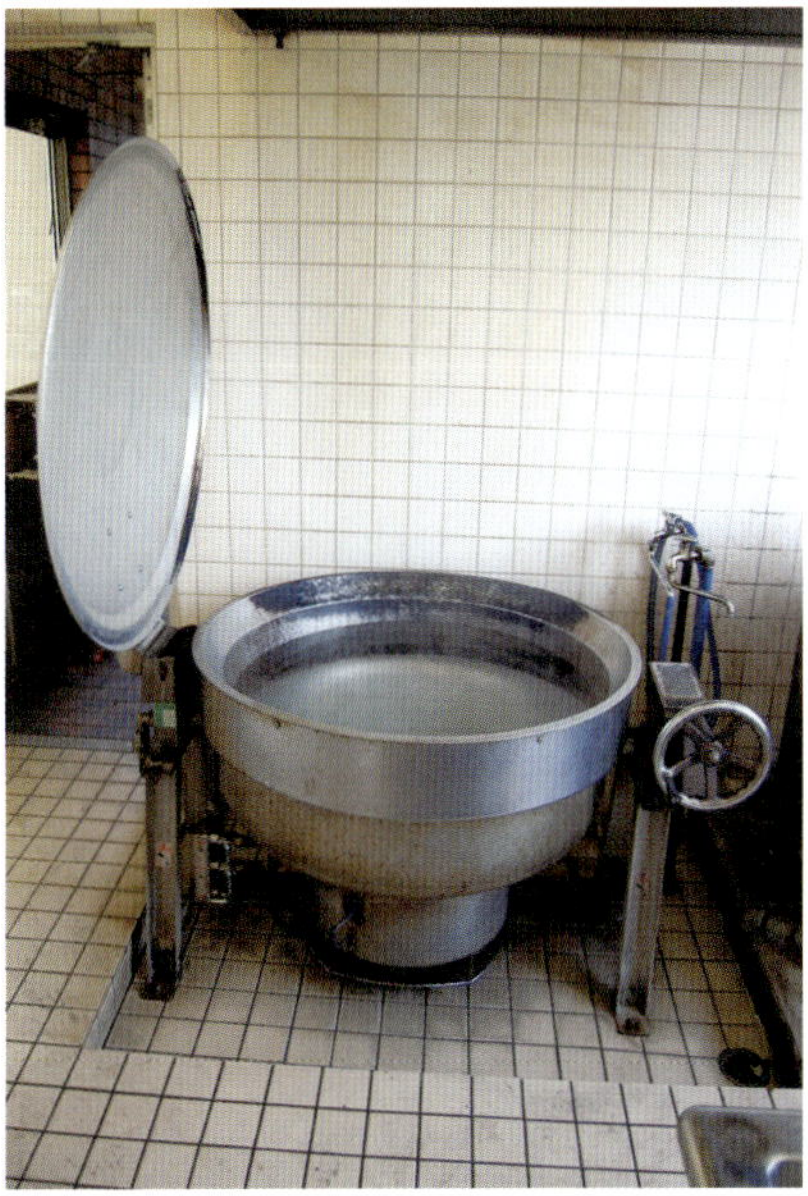

湯煮に使う釜。大型の回転釜は使い勝手がよい *

釜などの大きい鍋は利用価値がある。

◆温度計

肉の中心の温度と、湯温度を測定する。安価な温度計は温度を察知してからの表示が遅いので、それなりの値段のものを購入したほうが無難である。

◆炭

乾燥・燻煙を行なうときに、燻煙器内温度を50℃に設定する。そのときに熱源としての火が必要で、その火種に炭を使う。炭の種類は高価格のものでないほうが、火がつきやすい。

◆脱水シート

脱水シート（商品名はピチットシート）は水分を吸い取る性質がある。ホームセンターの燻煙コーナーで手に入る。シートを使えば、乾燥度合を上げることができ、燻煙の際に煙ののりをよくする。

余談になるが三枚に下ろした魚をこのシートに包んで、一晩冷蔵庫に保管しておくと、翌朝にはおいしい一夜干しの完成となる。その後、燻製を行なうとうまさが増す。

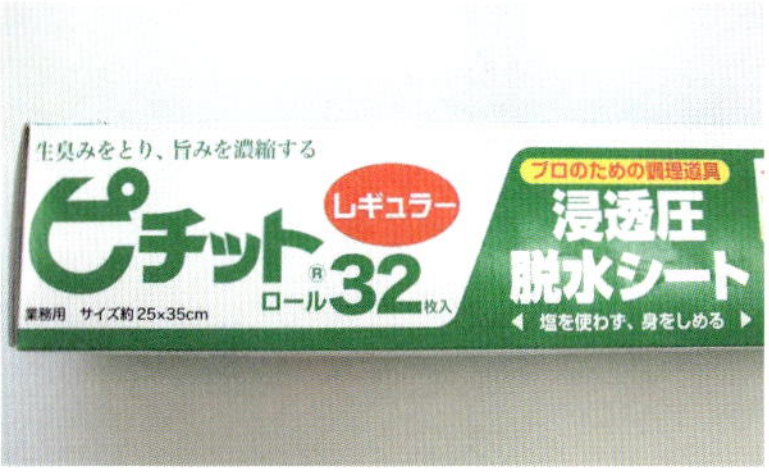

脱水シート。浸透圧で表面の水分を吸収する

燻煙器（スモーカー）ふたたび

●ドラム缶や事務用ロッカーで手づくりスモーカー

私の仲間すなわちハムつくり同好会の面々は燻煙器を自分でつくる。全て廃材利用だ。事務用ロッカー、ドラム缶、一斗缶、オイル缶、洋服用縦型ロッカー、建築現場の廃材などである。

事務用ロッカーを使っているという会員は、町内のごみ焼却場に出向いて、「ロッカー探しているのですが、どこかにありませんか」と尋ねたら、「ありますよ」ということで手に入れることができた。まさに偶然なのだそうだ。

ドラム缶を使っている会員は、ガソリンスタンドの経営者が友人だったので、「ドラム缶ありませんか」と尋ねたら、「何に使うんだい」と聞かれて目的を話したら、「ただでいいよ」というので無料でいただき、電動カッターで自分の好みのサイズの穴を開けて使っている。このドラム缶は穴を開けるのはちょっと大変だが、鉄板が厚いので、加熱中にドラム缶内の温度の低下を防止できる。

事務用ロッカー利用の燻煙器

一斗缶、オイル缶は身近なところに常時あるが捨てているのが現状だ。そこに注目して、ごみ焼却場に出向いて、「一斗缶かオイル缶ありませんか」と尋ねたら、「あるよ」とのことでいただいてきた。一斗缶の板は薄いので切りやすい反面、熱が逃げやすい欠点がある。底をカットすると一斗缶の2段重ね、3段重ねもできる。

洋服事務用ロッカー、書庫用縦型観音開きロッカーはベーコンをつくるときには高さがちょうどよい高さである。しかし最近はごみ焼却場に持ち込まれることが少なくなり、手に入れるのは難しくなった。手を加えずにすぐに使える利点があるのだが。

私の仲間は建築現場に出向いて、聞いてみるのだそうだ。「いやあ、これはいい材料ですね。余っていませんか」「何に使うんだい」「実は趣味でベーコンやハムをつくっています、もっと熱効率のよい燻煙室（器）をつくりたいので、材料を探していたところです」。こういうと、だいたい無償でくれるそうだ。いただいた材料を使って、燻煙室（器）を自分で設計し、自分で製材し、自分で組み立て、つくり上げてしまう。自前の燻煙器で燻煙すると、なんともいえない気分になるものだ。もちろん市販の燻煙器でもよいのだが、時間に余裕があるならば、燻煙器を自作することをお勧め

ドラム缶利用の燻煙器

したい。

なお、建築現場の廃材となった材木は燻煙器の周りを覆うことで熱効率をよくするために利用するのだが、材木は燃えやすいので、燻煙器との間に断熱材を挟んでいる。耐熱性断熱材も使っていることを明記しておきたい。ダンボールを使う人もいると聞くが、長時間燻煙には耐えられず、燃えやすいから、絶対に使わないように。

最後にハム・ソーセージ工房関連の機器取扱い業者を挙げておく。

機器の取扱い業者

●充填機
㈱小野商事
〒290-0143 千葉県市原市ちはら台西1-10-5
TEL 0436-75-2800

●燻煙器
㈱カシワ
〒321-0202 栃木県下都賀郡壬生町おもちゃのまち3-4-27
TEL 0282-86-0270

●岩塩・スパイス・豚腸
杉山博茂
〒300-0306 茨城県稲敷郡阿見町曙75-5
TEL 090-6652-2098
e-mail：smoke-sugiyama@jcom.home.ne.jp

2章

杉山流のおいしい
ベーコン・ハムほかのつくり方

ベーコンのつくり方

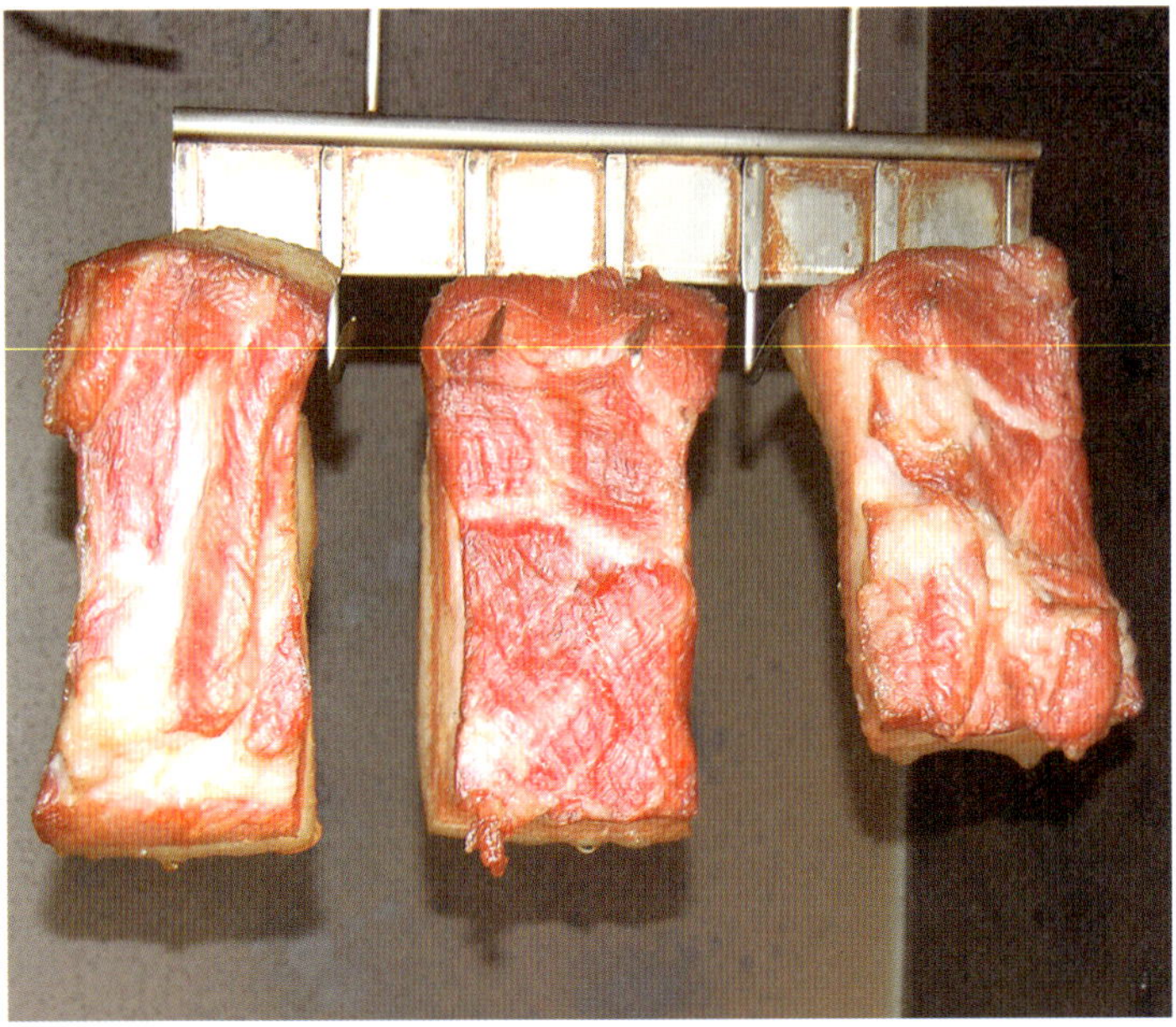

燻煙を終わったベーコン *

ベーコンは脂肪が命

脂肪の多いバラ肉を嫌う消費者がいるようだが、バラ肉の味は脂肪が大事なポイントである。ベーコンをバターや植物油の代わりに使うことで、料理の味がよくなる。だから脂肪の少ないベーコンは料理に不向きだ。また近年、市販されているベーコンには燻煙の香りが乏しいのが多く見受けられる。本来のベーコンからかけ離れたつくり方をしているメーカーが多くなったのは残念だ。私からいわせれば、まるでホワイトハムだ。一度手づくりでベーコンをつくって食べると、あまりのおいしさに感激し、手づくりベーコンつくりにはまってしまう。市販のベーコンとどこが違うのか。大きな違いは香り。香りがよいから料理も引き立つ。ここではベーコンつくりの本道である、しっかり燻煙した、初心者でもできる完成度の高いベーコンのつくり方を述べたい。

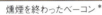

利用する肉の部位と使う器具

●バラ肉は脂肪が特徴

ベーコンは豚肉のバラ肉部を塩漬け、水洗い、乾燥、燻煙、湯煮をしてつくる。近年はバラ肉の需要が多いので、店では必ず、バラ肉ブロックを販売している。販売されている塊肉の重量は一塊、すなわち一パック350～400gのものが多い。ベーコンをつくるにはちょうどよいサイズだ。

予約なしでも購入できる肉である。市販のバラ肉の塊は、表面の皮膜は除去されているのだが、店によっては除去しないで販売しているところがある。完全な手抜きだ。除去されていないときは必ず取り除く。この皮膜は、食べたときに口の中に残り、違和感がある。また燻煙ののりを悪くする。

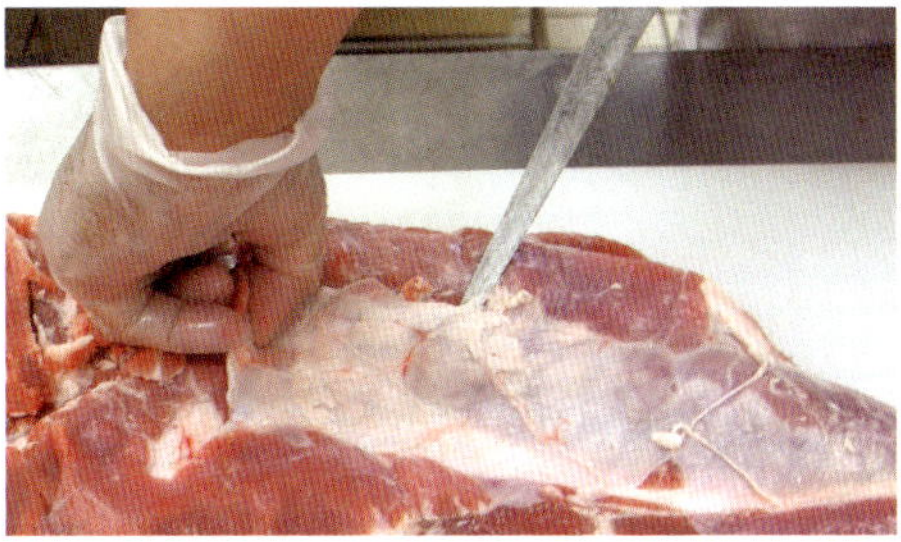

バラ肉の皮膜をとる

店で販売されているベーコンは湯煮を経ている。ベーコンを料理に使うときには、必ず炒めて使う。だから本来は湯煮しなくてもよいのだが、ハムメーカーなどの業務としての販売活動では、非加熱商品を流通させることは事実上できないので、必ず湯煮を行なっている。仲間内、あるいは自家製ベーコンならば湯煮を経ないベーコンをつくりたいものだ。そのほうが奥行きの深い、味わいのあるベーコンになる。私も自宅でベーコンをつくるときは湯煮を経ないものをつくっている。大変好評である。

塩漬け液の基本配合

塊肉2kgに対して、

- 水／2500ml
- 岩塩／200g
- 砂糖／125g
- だし昆布／1枚
- 月桂樹（ローリエ）／2枚
- 粒ブラックペッパー／3粒

使う器具

使う器具類は、ロースハムと同じである。燻煙器には、更衣室にある幅60cm、奥行き60cm、高さ160cmのサイズの事務用ロッカーが向いている。燻煙器内では、炭火の灰の舞い上がりを防ぐために、種火とベーコンが近すぎないようにすることが大事である。

つくり方とそのポイント

バラ肉の塊を塩漬けし、乾燥、燻煙、（湯煮）、冷却をして仕上げる。

1 整形

バラ肉の表面の皮膜、スジ・軟骨を取り除く（通常この作業は肉屋が済ませている）。バラ肉の大きさは1kg前後がよい。

2 塩漬け液の注入

バラ肉の赤身肉部に塩漬け（ピックル）液を注入する。このとき脂肪に注入しても塩漬け液は浸透しないので、脂肪部には注入しないよう注意する。

3 塩漬け

冷蔵庫で6日間塩漬けを行なう。10日間は長すぎる。塩漬け期間が長すぎると塩漬け液が濁ってくる。鮮度の低下した肉を使ったときには、塩漬け液の濁りが早い。濁ると完成時の香りに微妙に影響する。注意が必要である。塩漬け期間中、2日に1度は上下の入れ替えをし、味にムラが生じないようにする。

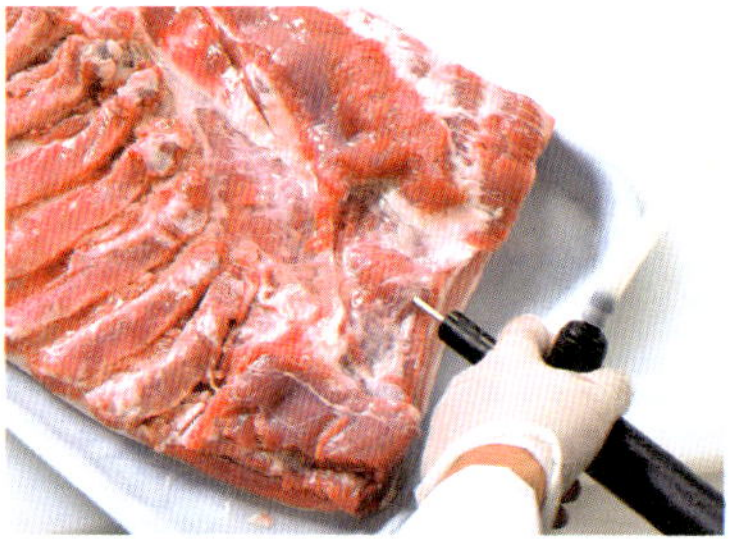
塩漬け（ピックル）液の注入＊

塩漬け　重石を使う＊

4 水洗い

シンクにバラ肉を入れ、水道水の流水を50分間掛け流す。水道水の流量は人差し指くらいの太さがよい。水洗いすることで、肉表面と内部の塩味を一定にし、味を調える。

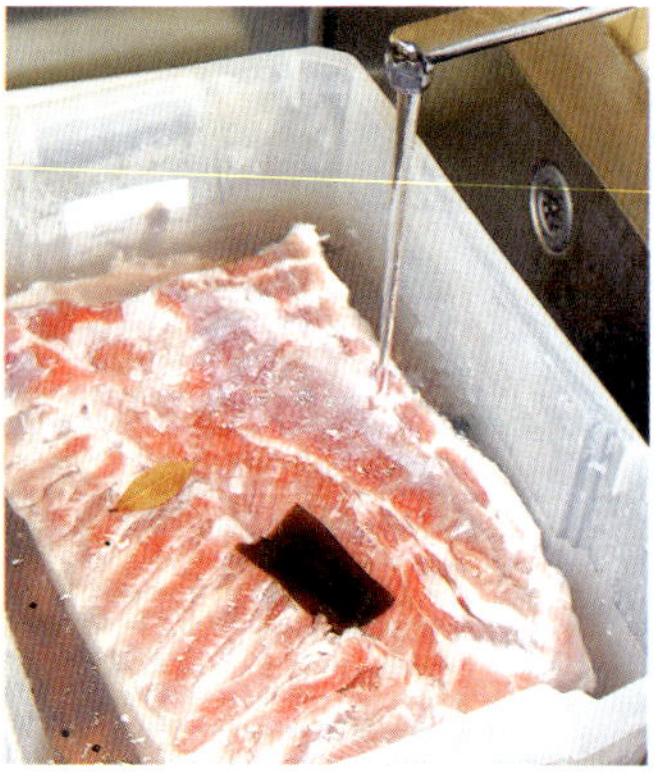
水洗い。水道水の掛け流しで塩抜きする＊

5 冷蔵庫での風乾

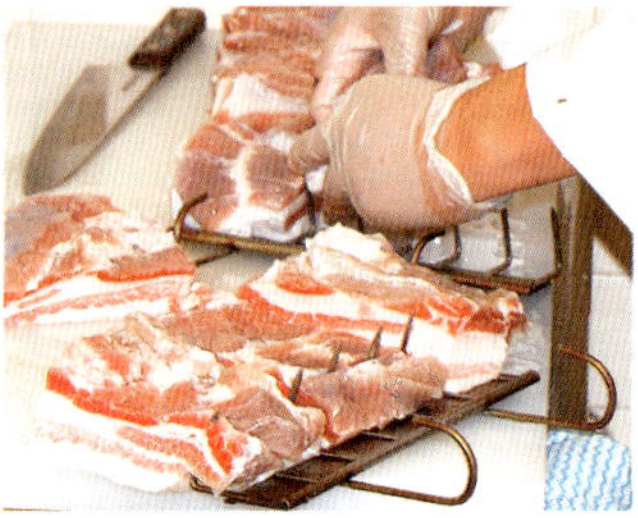
フックに掛ける＊

冷蔵庫での風乾

水を切り、フックに掛けて12~24時間くらい、冷蔵庫で風乾する。冷蔵庫が大きければ、バラ肉をぶら下げる。余裕がないなら脱水シートに包むか布で包む。冷蔵庫内は乾燥しているので風乾には適している。冬季は軒下に一晩ぶら下げておいても効果がある。

6 乾燥

バラ肉の表面が乾燥したら、50℃前後の室温にした乾燥室（燻煙室（器）兼用）に入れて2~3時間乾燥する。50℃に保つのは炭火でよい。炭火を使うので、乾燥中にバラ肉の脂肪分が炭火に垂れて、灰が舞い上がる。防止策として、炭火の上をカバーするものが必要になる。炭火が強すぎると、バラ肉の脂肪が溶けて流れ落ちる。次の手順の燻煙のときに、その筋に煙がのり縦縞になる。

火力に注意をするように。乾燥温度が50℃以上になると、表面だけが硬く乾燥する。乾燥・燻煙はじっくり行なうのがコツである。乾燥を軽めにして、燻煙をしたがる人がいる。乾燥を軽めにするとバラ肉の表面が濡れた状態で、次の燻煙の際に煙ののりが悪く、バラ肉の表面がいつまでも濡れた状態だ。乾燥は手抜きをしないで行なうこと。くれぐれも注意したい。

7 燻煙

燻煙は乾燥室と同じ室内で行なう。燻煙室（器）内の温度は乾燥と同じ50℃で、燻煙材はスモークウッドで十分だ。スモークウッドに火をつけると、自然に煙が出る。桜の原木を使うなら、最低2年くらい乾燥させたものを使う

燻煙 *

と香りがよい。燻煙は、空気口の調節がポイントである。空気口が大きいと酸素の流入量が多くなり、燻煙材が不完全燃焼を起こさずに、燃える危険がある。この工程もじっくりゆっくり行なうのがコツである。燻煙の香りはベーコン全体に浸透する。

私は燻煙を10時間行なう。燻煙終了の時間は決められていない。決めるのは自分だ。ベーコンの表面が好みの燻煙色になるのを目安に終わりにする。くれぐれも燻煙時間中は席を外さないように。席を外すことによって、燻煙室(器)内部の温度が急上昇したり、火が消えたりすることがある。燻煙をしている時間というものは、時間に余裕のある人、おいしさを貪欲に追い求めている人にとっては、まさしく「大人の至福の時間帯」なのである。

8 湯煮(場合により省略できる)

湯煮を実行しないときは、上記の燻煙で終了となる。燻煙のみのベーコンは肉、脂肪ともに燻煙色が光り輝いている。料理に使うと燻煙の香りがすばらしい。この香りに包まれるのは、作る者のみが味わえる贅沢、至福のひと時になる。

湯煮するなら73~75℃の湯で、湯煮時間はバラ肉の厚さ1㎜につき1分間を目安に行なう。つまり肉の厚さ5㎝なら、湯煮時間は50分となる。

9 冷却

冷却は、シンクに水をため、ベーコンを入れ30分間水道水を出し放しで行なう。流量は人差し指くらいの太さが目安。シンクの水面に脂肪分が浮いていて、これがベーコンを引き上げるときに周りについてしまうことがある。乾燥するとこの脂肪分が白く見える。見た目も悪いので、引き上げた直後に50℃前後の湯で洗い流す。

湯煮＊

冷却。シンクから引き上げ、
付着した脂肪の斑点を洗い落とす＊

ロースハムのつくり方

ロースハム

ハムの由来と呼び方

昔は豚のモモ肉の塊を、骨の付いたまま燻製にした。もともとハムといえば、骨付きモモ肉を燻製にしたものであった。その後、モモ肉以外の名前を冠して「〇〇ハム」というようになったという。以下で取り上げるロース肉部を燻製にしたものはロースハム、モモ肉でも骨のない部位を燻製にしたものはボンレスハム（boneless ham）、肩肉を燻製にした場合はショルダーベーコン（shoulder bacon）という具合である。ついでながら、ケーシングに充填して製造された丸型のロースハムは日本で考案された。

利用する肉の部位と使う器具

ロース肉の特徴と注文するサイズ

使う部位は豚肉のロース肉部である。ロース肉は豚肉の背中の背骨の両側についている。1頭で9kgの重量になる。運動しない部位なので肉質は軟らかい。脂肪は8㎜くらいの厚さである。スーパーでも専門店でもロース肉の塊（ブロック肉）は販売されていないことが多い。

店頭での名称は、カツどん用に利用される「ロース切り身」、スライスされた「ロースショウガ焼き用」、料理用途が広い「ロースライス」などである。

塊肉で購入するときは、店に事前に注文しておくことをお勧めしたい。注文する大きさは2㎏くらいのサイズがよい。2㎏というと一般的に、長さは約30㎝前後、幅は約15㎝前後である。1㎏の重量なら、長さが15㎝前後で、幅は15㎝と変わらない。ロースハムの特売日に注文することをお勧めしたい。そのためにも、店との常日頃のコミュニケーションが大事である。

●塩漬け液の基本配合

ベーコンと同様（37ページ参照）。

●使う器具類

塩漬け用バット、乾燥および燻煙器、湯煮釜、燻煙材、温度計、ベーコンフックあるいはS状フックを準備する。

■つくり方とそのポイント

ロース肉を仕入れたら、余分な脂肪と皮膜を取り除く。その後は塩漬け、水洗い、乾燥、燻煙、湯煮、冷却の手順となる。

1 整形

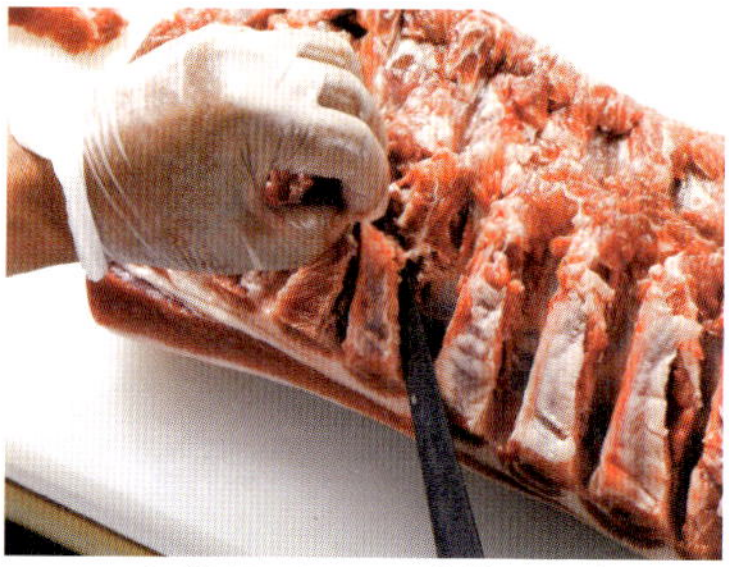

あばら骨のところの皮膜をとる*

ロース肉に付いている余分なスジ、軟骨をナイフで取り除く。次に、骨を除いたあばら骨のところの皮膜を取り除く。ロース肉の背の部分の脂肪も厚いと思えば、取り除く。脂肪の厚さは好みによるが、薄いよりも厚さがあるほうが、仕上がりはきれい見える。

実をいうと、この作業は店で行なってくれて、消費者がすぐに使える状態にして販売してくれるので心配はない。

背脂肪の厚さを1㎜程度に整形する

カットして見た目よく型を整える*

2 塩漬け液を注入

冷却しておいた塩漬け液（ピックル液）を簡易注入器で注入し、手でロース肉全体を、塩漬け液が隅々まで浸透するようにマッサージをする。業務用では、タンブリンマシンという機械で行なう作業である。簡易注入器がないときは、フォーク、竹串で、ロース肉に穴をあけて塩漬け液に漬け込む。

ロース肉2kg用の塩漬け液の配合はベーコンと同じである。

材料を鍋に入れ、加熱する。鍋の中の湯温が80℃になったら火を止める。沸騰すると昆布のうまみ成分が破壊されてしまうので注意する。

その後、室温で放冷し、冷蔵庫で冷却する。

3 塩漬け（湿塩漬）

漬け込み期間は、家庭の冷蔵庫で6日間くらいである。漬け込み期間中、2日に1度は上下を入れ替え、漬け込みにムラが生じないようにする。

4 水洗い

この作業は一般的に水洗い作業といっているが、塩抜き作業である。水道水の流水でロース肉を水洗いする。流量は人差し指くらいで掛け流す。貯めた水の中でこの作業を行

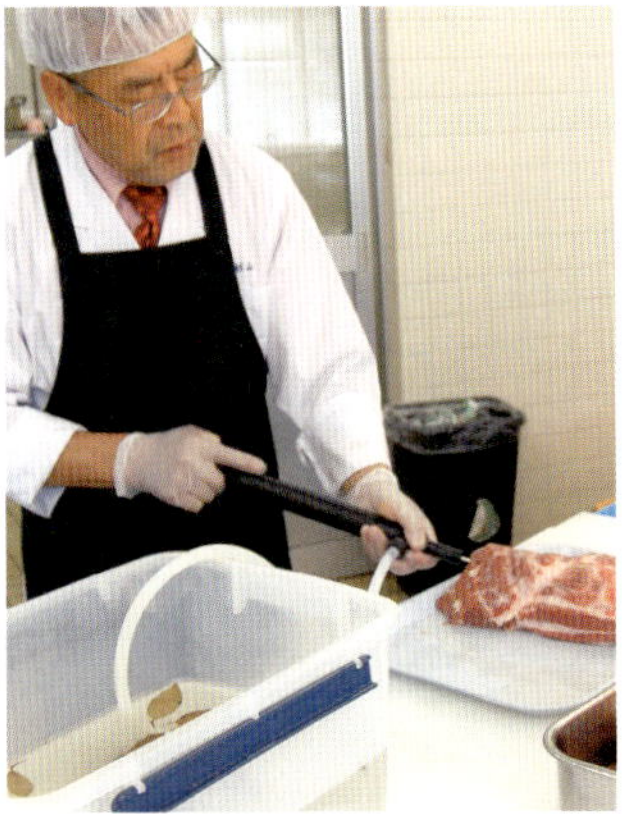

ピックル液を注入する

ピックル液に漬け重石をする＊

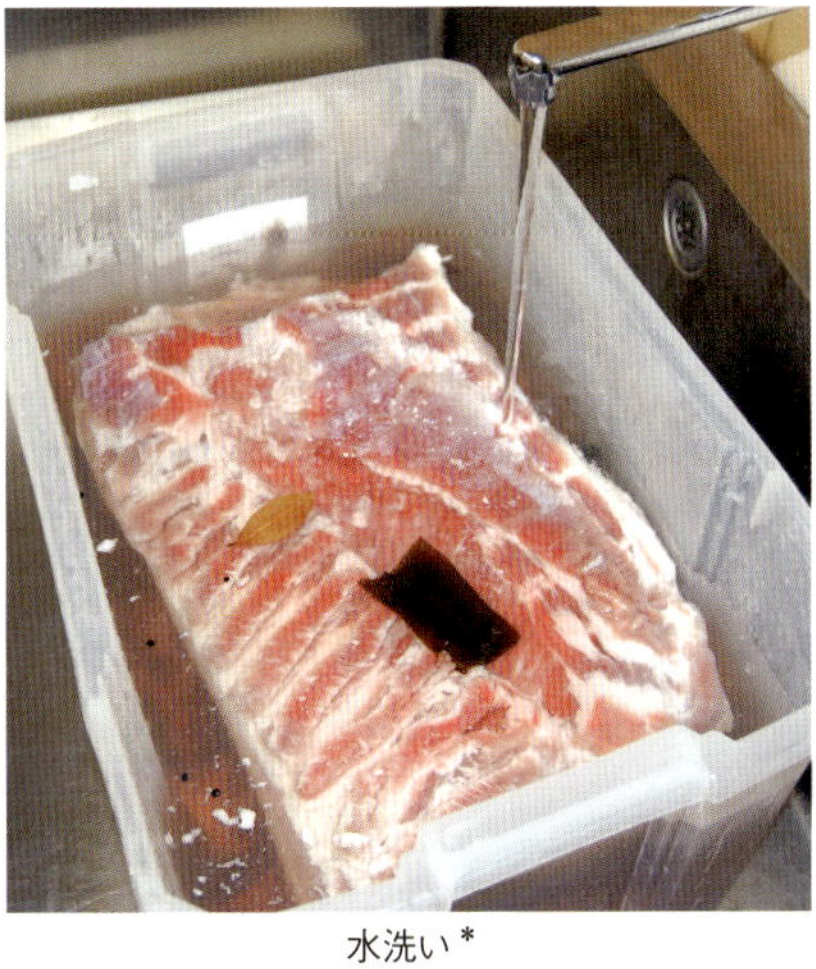

水洗い＊

なう初心者がいるが、貯めた水の中では塩抜きはできない。初心者が失敗につながる確率が高い工程である。必ず掛け流しする。

この作業の目的は、ロース肉の表面と肉中心部の食塩の濃度を一定にし、ロース肉の味をととのえることにある。水洗いの時間は50分くらい。塩味の濃さが心配なときには、ロース肉を薄く切り、焼いて食べてみることをお勧めする。

乾燥の前に、ロース肉の形を整えるために、ロース肉をタコ糸で巻き締めるのも一案である。糸の巻き締めを行なうかどうかは、つくり手の好みである。巻き締め方を図に示す。

ロース肉の巻き締め方

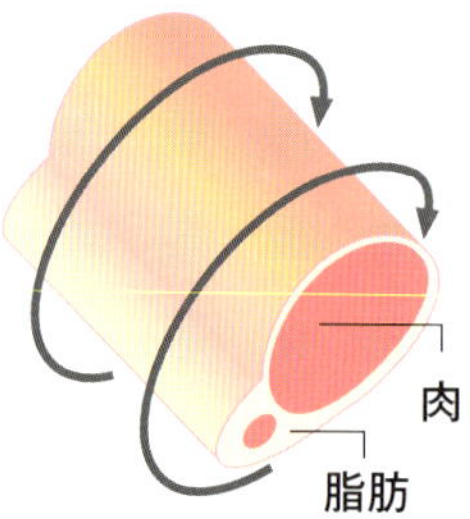

きつく締めすぎないことがポイント

タコ糸による巻き締め＊

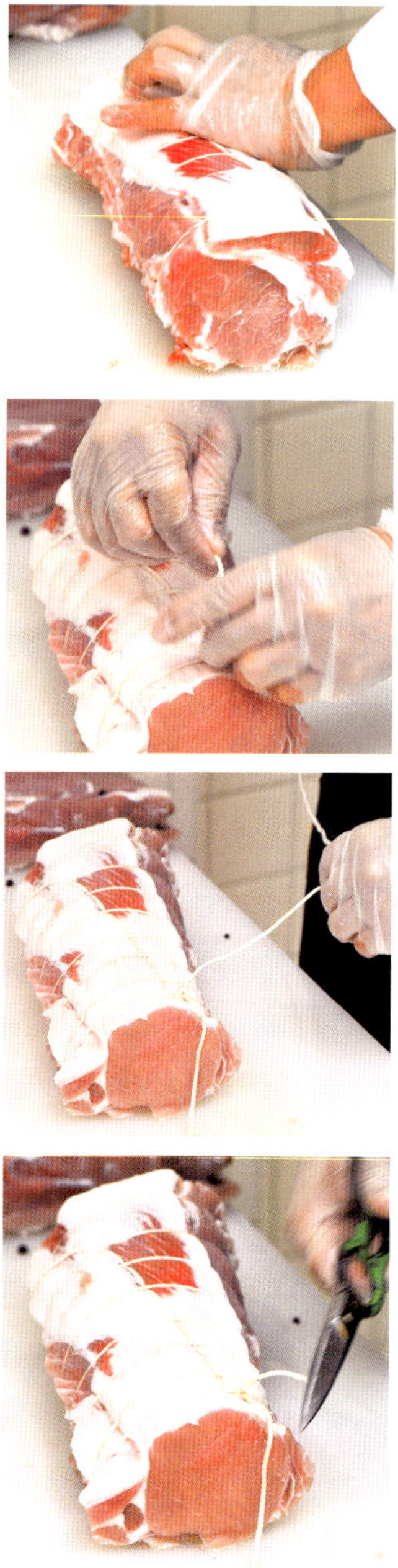

さらに、さらし布に巻いてからタコ糸で巻くやり方があるが、私はさらし布を使わない。燻煙の香りがさらし布に付くので、ロース肉に付く香りはわずかばかりとなってしまうためである。燻煙臭を抑えたい場合の方法といえる。

5 冷蔵庫での風乾

風乾は、水を切り、ロース肉の表面を乾燥させる作業である。ねらいは、次の燻煙で煙ののりをよくすることである。水洗いの後に、12～24時間冷蔵庫のなかでぶら下げる。冬なら、夜間軒下に12時間ぶらさげる方法もある。お勧めしたいのは、脱水シートに包んで12時間、冷蔵庫に保管する方法である。

6 乾燥

風乾を行なうことで、ロース肉の表面はある程度乾燥している。燻煙室（器）を兼ねた乾燥室の室温を50℃にし、少なくとも2時間は乾燥させる。ロース肉の表面に触れてみると、うっすらと乾燥したのが分かる。乾燥しすぎかなと感じたときが終了の目安である。

糸を巻き冷蔵庫で風乾

7 燻煙

燻煙は乾燥と同じく室温50℃で行なう。じっくり、急がずに行なうのがポイントである。ロースハムの場合は、少なくとも2時間くらい行なうのが最適である。2時間というのは、ちょうどスモークウッド1本が燃え尽きる時間である。桜の原木で行なうときには、2年間くらい乾燥させたものを使う。私の場合、種火は炭火である。注意したいのは、桜の原木が燃えないようにすること。七輪の空気吸入口を広く開放すると、炎を上げて燃えてしまう。少しだけ開けておくと、不完全燃焼になる。その状態が続くように、常に空気吸入口をチェックする。開け方の加減も回数を重ねると上手になる。

桜の木を使い燻煙する＊

燻煙時間に決まりはない。同好会では好みの色になるまで行なう。私の場合は、ベーコンのところでも言ったが、10時間である。燻煙で大切なのは、温度の管理である。燻煙室（器）は50℃以上にならないように神経を使うことだ。高温になるとロースの表面が硬くなり、仕上がりの食感に影響する。周りが硬く、中は軟らかい状態になってしまう。初心者は、どうしても高温にしてしまう確率が高い。乾燥・燻煙のときは絶対に席を外さない。燻煙の時間というのは、至福の時間。これからやってくる晩餐会の主役をつくっている時間帯である。まさに大人の贅沢な時間の使い方とわかれば、燻煙に長時間付き合うことも苦にならない。

8 湯煮

湯煮は湯の温度を73～75℃に保ち、湯煮時間はハムの太さ（直径）1㎜につき1分間の計算で行なう。たとえば、ロースハムの太さが直径10㎝ならば１００分間行なう。

湯煮終了後、ロースハムの中心に肉中心温度計を差し込むと、67℃になっている。私は確認の意味で湯煮終了後、肉中心温度計をロース肉の中心に差し込むことにしている。

9 冷却

冷却はシンク内で、水道水を掛け流しながら行なう。流量は人差し指の太さが妥当である。40分間行なう。冷却後、ロースハムをシンクから引き上げるときに、シンク内の水の表面に、脂肪分が浮いているのが肉眼ではっきり見える。その脂肪分が、引き上げるときにハムの周りに付着する。引き上げた後に50℃前後の湯でハムを洗い、脂肪分を落とすことをお勧めしたい。脂肪分をそのままにすると、ハムが乾燥したときに白くぶつぶつになって見え、製品としては価値が落ちる。

ボンレスハムのつくり方

ボンレスハム

郵便はがき

おそれいります
が切手をはって
お出し下さい

1078668

（受取人）

東京都港区
赤坂郵便局
私書箱第十五号

農文協

http://www.ruralnet.or.jp/

読者カード係 行

◎ このカードは当会の今後の刊行計画及び、新刊等の案内に役だたせていただきたいと思います。　はじめての方は○印を（　）

ご住所　（〒　－　） TEL： FAX：	
お名前　男・女　歳	
E-mail：	
ご職業　公務員・会社員・自営業・自由業・主婦・農漁業・教職員（大学・短大・高校・中学・小学・他）研究生・学生・団体職員・その他（　）	
お勤め先・学校名	日頃ご覧の新聞・雑誌名

※この葉書にお書きいただいた個人情報は、新刊案内や見本誌送付、ご注文品の配送、確認等の連絡のために使用し、その目的以外での利用はいたしません。

● ご感想をインターネット等で紹介させていただく場合がございます。ご了承下さい。

● 送料無料・農文協以外の書籍も注文できる会員制通販書店「田舎の本屋さん」入会募集中！
案内進呈します。　希望□

■毎月抽選で10名様に見本誌を1冊進呈■（ご希望の雑誌名ひとつに○を）

①現代農業　②季刊 地 域　③うかたま　④のらのら

お客様コード □□□□□□□□□□

014.

お買上げの本

■ご購入いただいた書店（　　　　書店）

●本書についてご感想など

●今後の出版物についてのご希望など

この本をお求めの動機	広告を見て（紙・誌名）	書店で見て	書評を見て（紙・誌名）	出版ダイジェストを見て	知人・先生のすすめで	図書館で見て

◇新規注文書◇

郵送ご希望の場合、送料をご負担いただきます。

購入希望の図書がありましたら、下記へご記入下さい。お支払いは郵便振替でお願いします。

（書名）	（定価）¥	（部数）　部
（書名）	（定価）¥	（部数）　部

❖利用する肉の部位と使う器具

●ハムにするとおいしさが倍増する「モモ肉」

ボンレスハムの原料は、豚肉のモモ肉部である。モモ肉は「ソトモモ」「ウチモモ」「シンタマ」の三部位からなっている。業務用のときは、このモモ肉の塊から、ウチモモを外し、ソトモモとシンタマがついたまま使う。

モモ肉は店頭ではモモ肉スライスの名前で薄くスライスされて販売されている。購入する際にはスライスではなく、モモ肉ブロックとして指定する。

豚のモモ肉は、精肉で焼いても煮て食べてもおいしくはないが、ハムにするとおいしい。「豚肉は淡白な味なので、味付けするとおいしくなる」とよくいわれているが、モモ肉はその最たるものだといってよい部位である。

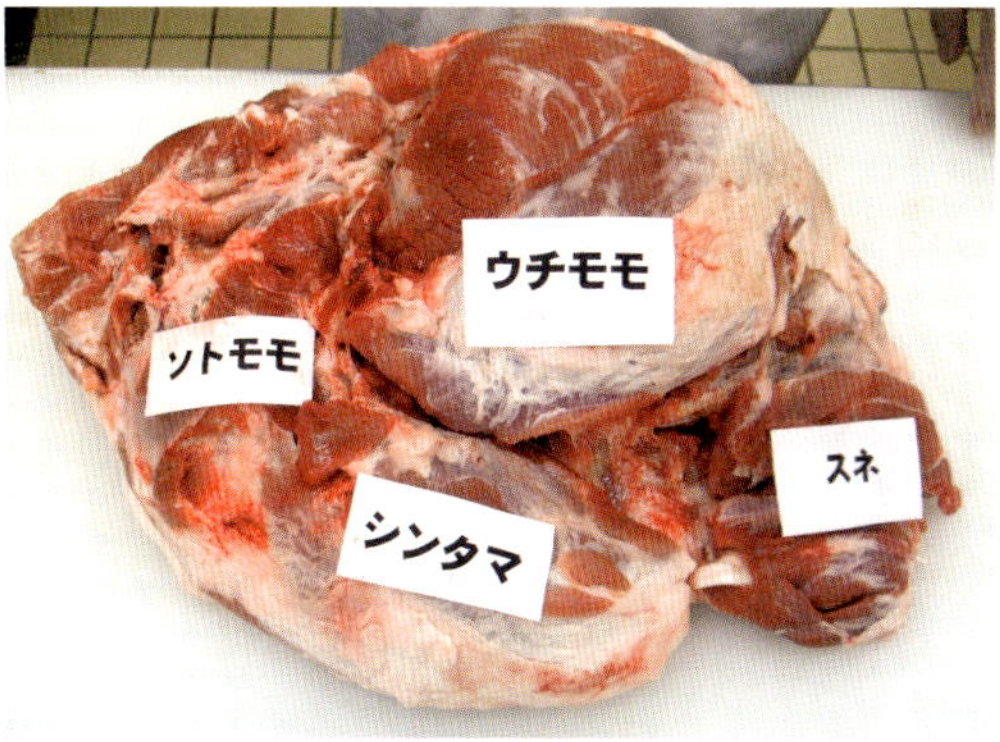

モモ肉の部位。ウチモモ、シンタマ、ソトモモ、スネなどに分かれる

手づくりのボンレスハムをつくるときにはどの部位の塊を使ってもよいが、あまり肉が厚すぎると、湯煮するときに時間がかかりすぎる。あまり厚くない塊肉を選んだほうが無難である。部位によって食感に特徴がある。手づくりするたびに、シンタマを使ったり、ウチモモにしたり、あるいはソトモモにしたりなど、部位を意識して使うことをお勧めしたい。

精肉として店頭に並ぶときには、シンタマは、「豚肉赤身酢豚用・赤身カレー用」という名称で、ウチモモは「赤身一口ソテー用・赤身バター焼き用」という名称で、また、ソトモモは「豚肉モモスライス・豚肉モモショウガ焼き用」という名称で、それぞれ販売されている。

シンタマ・ウチモモには脂肪は付いていない。ソトモモには片側に脂肪が付いている。肉屋ではときどき「豚モモブロック」という名称で特売を行なう。トレーに入れて販売されているのだが、そのブロック肉がシンタマなのか、ウチモモなのか、ソトモモなのか、どれがどれか分からないと思う。このような場合、トレーの中からどれを選べばよいか。私のアドバイスは、「塊肉の形が一定しているものを選ぶ」ということに尽きる。これに限らず、常日頃から数多くの肉製品を見るように努めることは、非常に大事である。

●塩漬け液の基本配合

ベーコンと同様（37ページ参照）。

●使う器具

ロースハムの場合と同じ（42ページ参照）。

つくり方とそのポイント

豚のソトモモ、シンタマ、ウチモモの中から、好きな部位を購入する。付着している軟らかい脂肪や皮膜を取り除く（ふつう店頭の精肉はこの作業がすでに済んでいる）。その後塩漬け、水洗い、乾燥、燻煙、湯煮、冷却の手順となる。

1 整形

ブロック肉で購入した場合は、モモ肉に付いている軟らかすぎる脂肪と皮膜をナイフで取り除く。固めの脂肪は除去しないほうがよい。店頭で精肉を購入した場合、この作業はすでに済んでいて、消費者がすぐに使える状態になっているので心配ない。

2 塩漬け液の注入

簡易注入器で塩漬け液を注入する。塩漬け液の配合とつくり方はロースハムの場合と同じである。肉の筋目に沿って注入すると、ムラなく注入できる。注入後、液が隅々まで行き渡るように、肉全体を手でマッサージする。

3 冷蔵庫で塩漬け

冷蔵庫で６日間塩漬けする。塩漬けにムラが生じないように、塩漬け期間中、上下の入れ替えを行なう。

4 水洗い

表面と内部の塩味を同じにするために、塩漬け後、水洗いを行なう。水洗いはシンク内で行ない、必ず流水を掛け流す。水量は人差し指の太さが最適である。

5 冷蔵庫で風乾

乾燥は冷蔵庫にぶら下げて行なう。あるいは脱水シートに包んで保管する。冷蔵庫内は湿度が低いので、肉の表面が乾燥する。

6 乾燥・燻煙

燻煙室（器）を兼ねる乾燥室に、モモ肉をぶら下げる。室温は50℃にし、２時間乾燥を行なう。種火には炭火を使うが、炭火に肉から脂肪を含んだ肉汁が滴り落ちると、灰が舞い上がる。その灰がモモ肉に付着する。種火の上には、

ソトモモの皮膜を取り除く＊

溶け落ちる脂肪を受け止める受け皿を置いておくとよい。

火力が強すぎると、肉表面に脂肪がにじみ出て、それが滴り落ちる際に筋ができる。次の燻煙のときに、この筋目に煙の筋が付き、見た目が相当悪くなるので室温管理が大切だ。燻煙は50℃で2時間行なう。燻煙材はスモークウッドでよい。桜の原木を使うときは2年間ねかせて乾燥させたものがよい。乾燥した原木の香りは断然違う。

7 湯煮

湯煮は73～75℃の湯で、湯煮時間はモモ肉の厚さ1㎜につき1分間の計算で設定する。すなわち肉の厚さ（直径）10㎝のときは100分間行なうことになる。

8 冷却

冷却はシンクを使って、水道の水を掛け流しながら行なう。流水量は、人差し指の太さくらいで1時間。シンクから引き上げるときの注意点は、ロースハムのときと同じく、表面に脂肪が付いているから、50℃の湯で洗い流すこと。その後冷蔵庫で24時間冷却する。もちろん冷却せずに湯煮後、温かいうちに食べてもよい。

骨付きハムのつくり方

利用する肉の部位と使う器具

骨付きハムの大きな肉塊

骨付きハム（regular ham）は、骨の付いたままの豚肉のモモ肉部を利用する。骨付きハムに対して、骨を取り除いたものが、ボンレスハム（boneless ham）である。パーティーのときにテーブル上に骨付きハムがあると、「骨付きハムの存在感は別物だ」と肌で感じることができる。「料理の主役になれる」存在なのである。

日本の生肉の流通形態は、骨なし生肉が主である。骨つきのモモ肉を手に入れるのは難しいが、肉問屋に事前に依頼すると、仕入れてくれる。この骨付きハムで一番苦労す

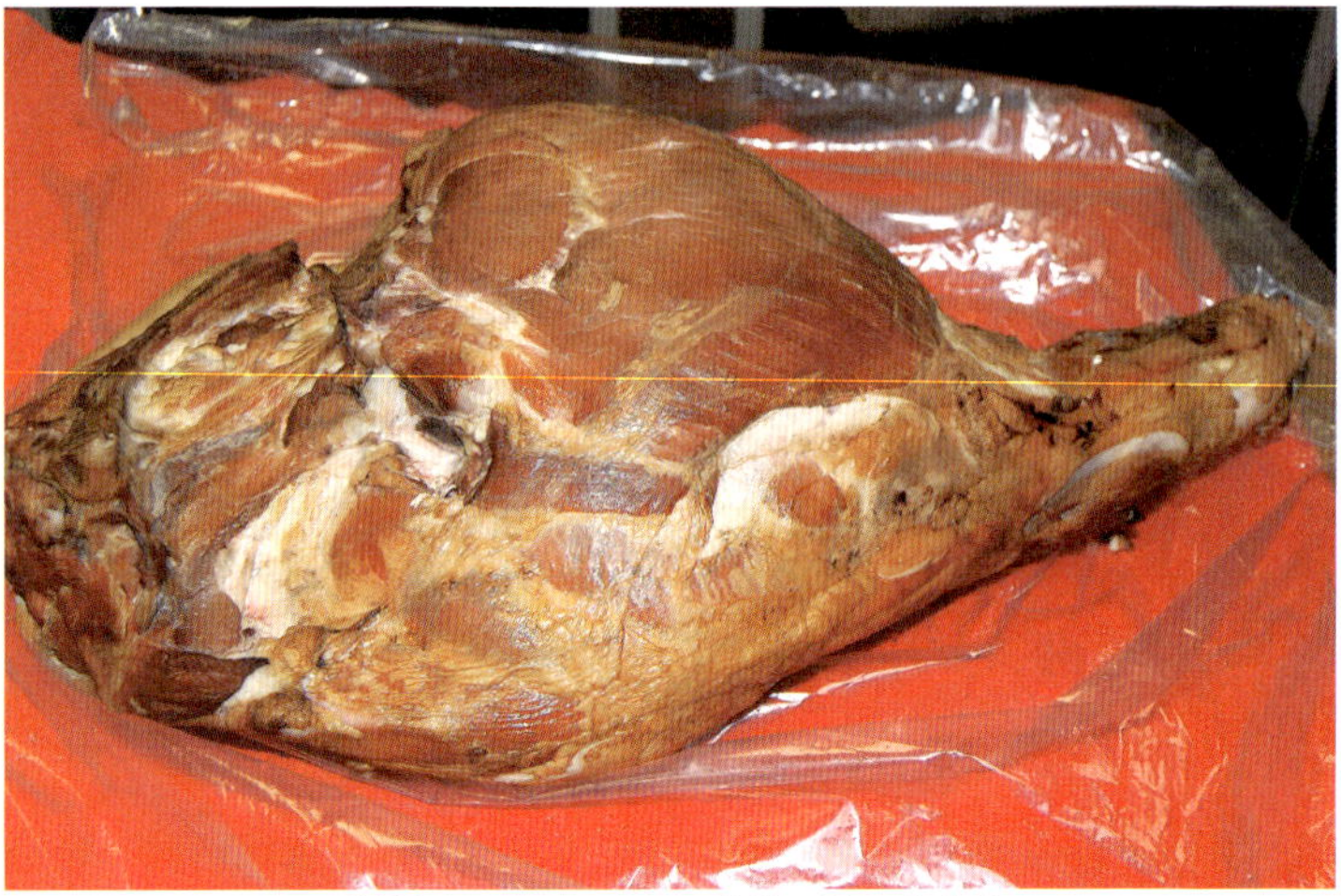

骨付きハム。パーティーの主役にもなる存在感

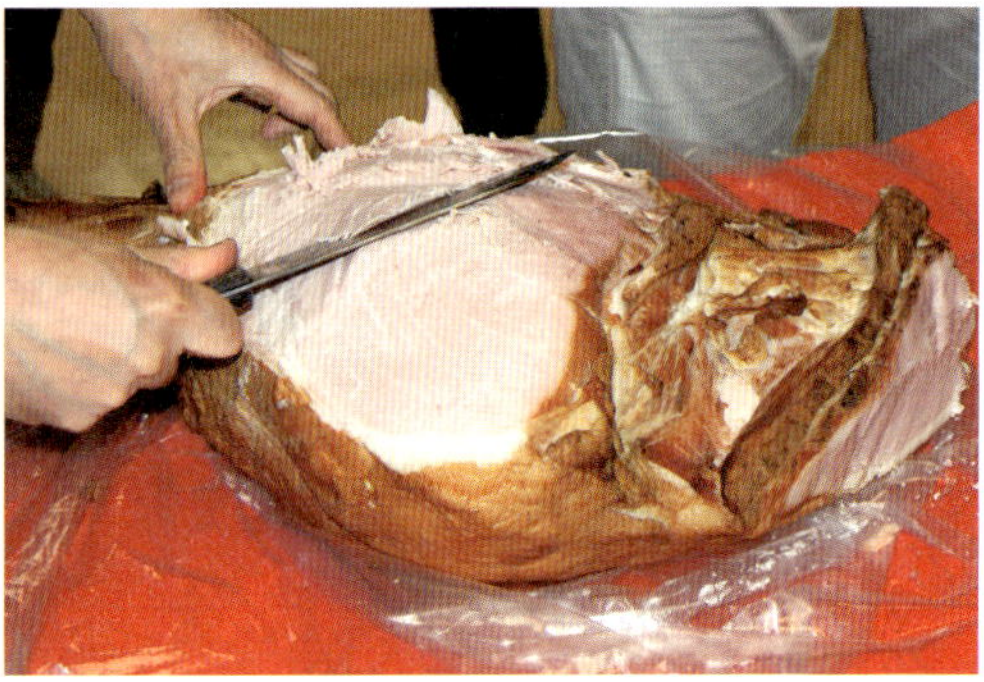

テーブル上のハムを薄く切り分ける

るのは、肉の塊が大きいので、大型の冷蔵庫が必要であることと、湯煮時間の長さである。肉の塊が大きいので、湯煮時間は7時間くらい必要になる。肉の塊は大きく、湯煮時間は長時間にわたるので、嫌われがちだが、1年に1度くらいは取り組んでいただきたい。これこそ贅沢な大人の時間を共有できるハムだ。パーティーなどで食べるときは、塊肉の周りから、ナイフで肉を薄く削ぐ。そのうちに骨に達する。骨が見えると、取り除くのは簡単にできる。取り除いた骨は、スープづくりには価値あるものとなる。

●塩漬け液の基本配合

ベーコンと同様（37ページ参照）。

●使う器具類

ロースハムの場合と同じ（42ページ参照）。

つくり方とそのポイント

入荷したモモ肉の余分な脂肪分を除去し、塩漬け、水洗い、乾燥、燻煙、湯煮、冷却、完成となる。

1 整形

骨付きモモに付いている脂肪は、整形の段階でおいしそうには見えないが、完成したときには美味だ。そのような観点からすると、脂肪分は取り除かないほうが賢明である。完成したときに取り除いても遅くはない。最初に取り除くなら、軟らかい脂肪だけにしたほうがよい。

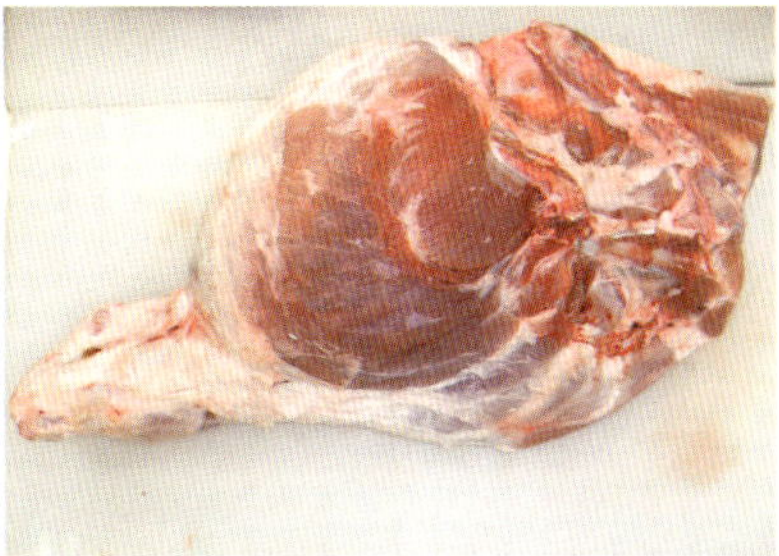
整形。内側の脂身を取り除く

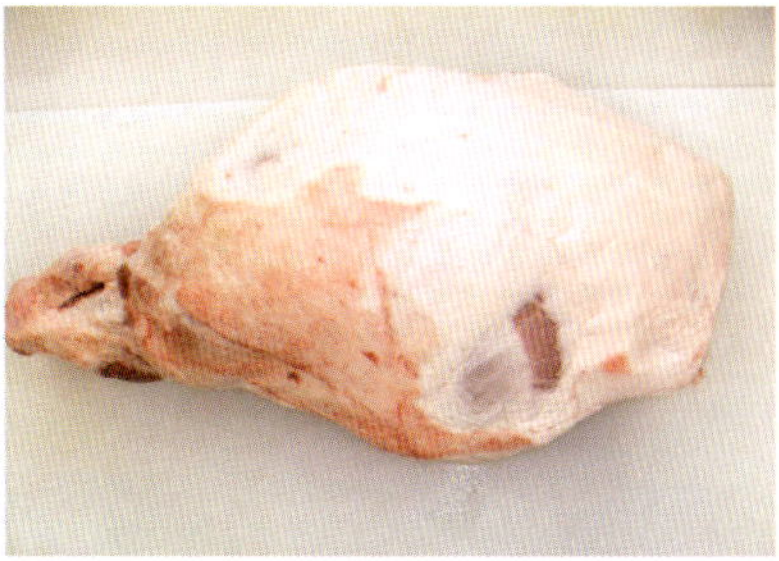
整形。外側の脂身を取り除く

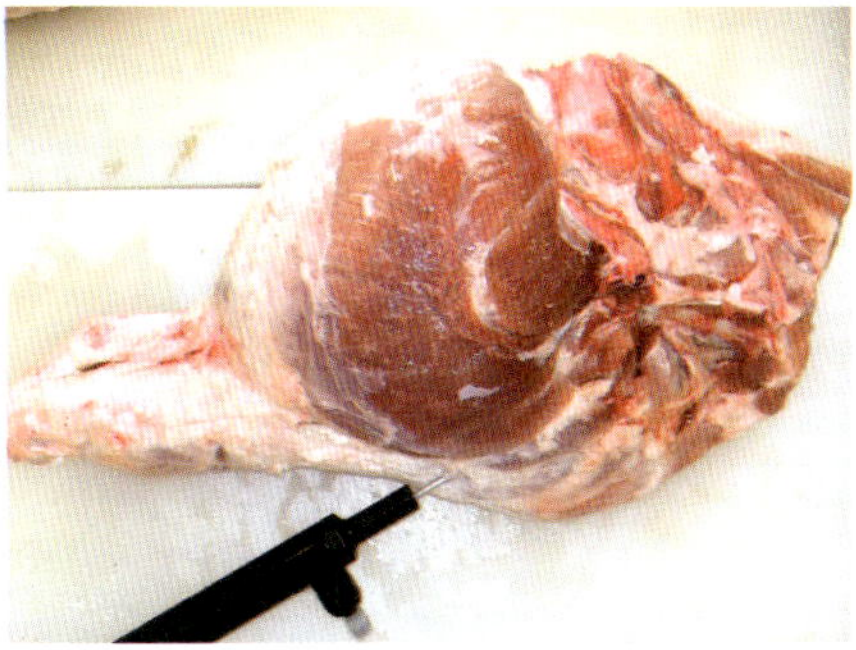
塩漬け液を注入する

2 塩漬け液の注入

簡易注入器で塩漬け液を注入する。注入方法は肉の筋目に沿って行なう。骨付きモモ肉は肉厚だ。塩漬け液をすみずみまで浸透させるのは難しい。ゆっくりじっくり行なうことが大事である。

3 塩漬け

冷蔵庫で塩漬けを行なう。塩漬け液が肉の中心部まで浸透しているので、塩漬け期間は6日間で十分である。塩漬け期間中に液から肉がはみ出し、乾燥しないように注意することが大事だ。肉の塊の上にさらし布をかけておくと乾燥防止になる。

4 水洗い

シンクに骨付きモモを入れ、水道水を人差し指の太さの水量にして、掛け流しながら、塩分濃度を、内部、表面ともに一定になる

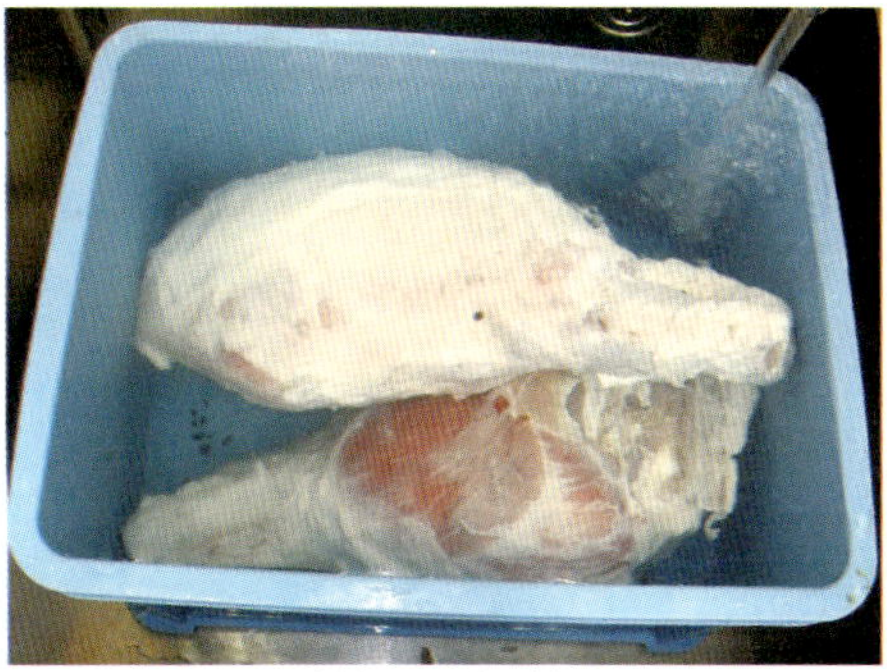
水洗いして塩を抜く

ようにして、塩味を調える。肉厚なので2時間は行なうように。

5 冷蔵庫で風乾

冷蔵庫で12時間風乾する。冬季なら夜間に軒下にぶら下げてもよい。

6 乾燥

燻煙室（器）を兼ねた乾燥室で、50℃で乾燥する。目的は次の燻煙で煙ののりをよくするためである。種火は炭火でよい。3時間くらい行なう。肉の表面を触ってみて、乾燥しているのが分かる程度が終了の目安となる。火力が強いと脂肪分が滲み出てくるので、ゆっくりじっくり行なうのが重要である。

7 燻煙

燻煙は、室温50℃で4～12時間行なう。燻煙時間は好みの燻煙色になったら終了してよい。種火は炭火で、燻煙材はスモークウッドでよいが、桜の原木は燻煙の香りもよいので、お勧めしたい。

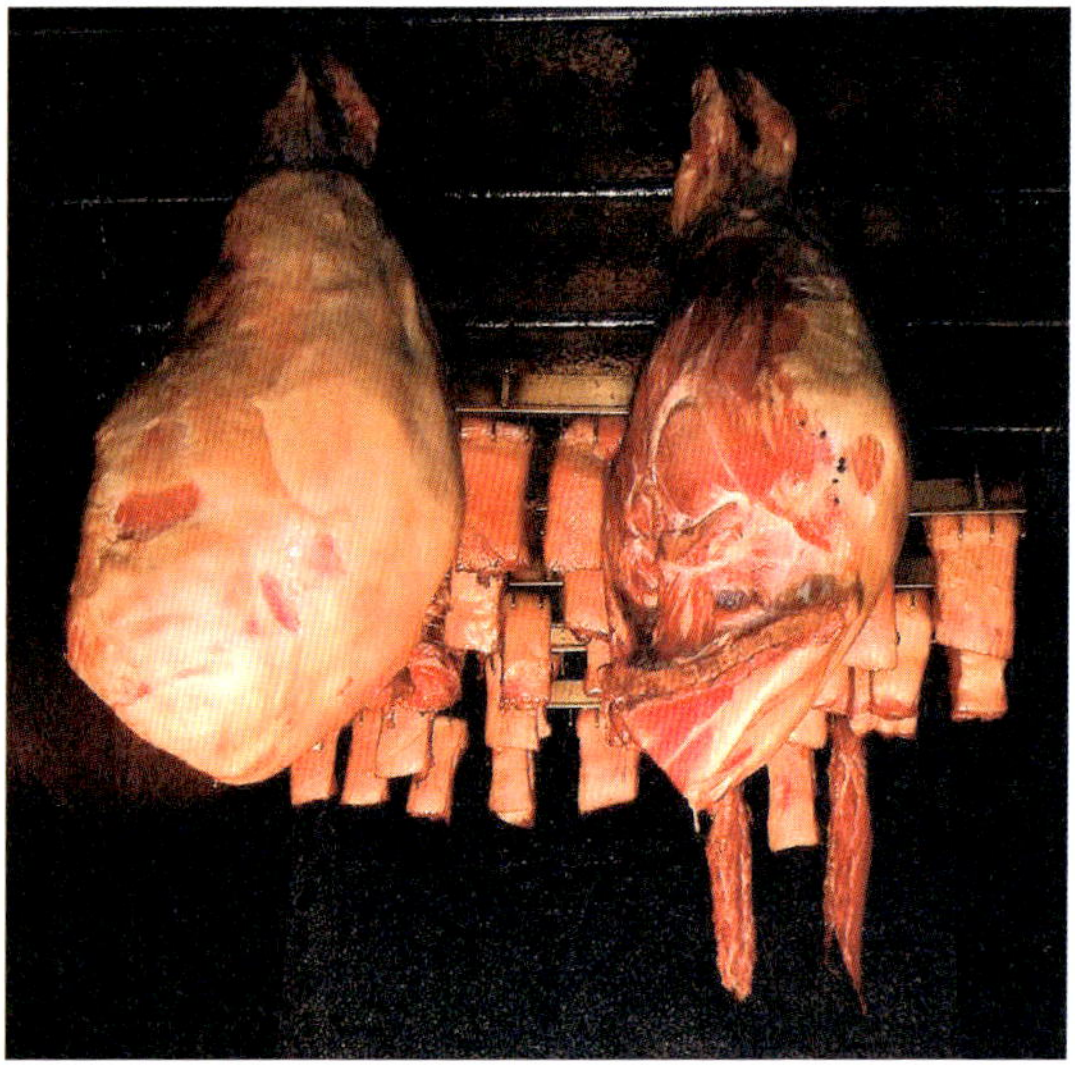

乾燥、燻煙

8 湯煮

73～75℃の湯で行なう。骨付きハムの肉厚1㎜につき1分間の計算で、湯煮時間を設定して行なう。サーモスタットのない湯煮釜のときには、途中で湯が沸騰しないようにすること。これは大事である。肉厚が30㎝ならば300分（5時間）湯煮を行なう。必ず中心温度計でハムの中心温度を測定すること。67℃になったら終了する。

9 冷却

骨付きハムは肉の厚さがあるので、大きめのシンクで行なうと楽である。水道水の流量は、人差し指の太さがよい。1時間くらい行なう。シンクから引き上げるときには、ロースハムのときと同じように、シンク内の表面に浮いている脂肪分が付着するので、50℃前後の湯で洗い流すことが大事だ。

生ハムのつくり方

生ハム。ロース肉 2kgを生ハムにした

生ハムつくりの条件

●塩分の強い本場の生ハム

生ハムは、豚肉の骨付きモモ肉塊を塩漬けして、長期間熟成してつくり上げたもので、イタリア、スペイン、ドイツなどが生ハムの本場として有名だ。生ハムを食べるときには、メロンを合わせると、たいへんおいしい。この場合の生ハムは極薄にスライスされている。本場の生ハムは、どうしても塩分が強いからだろうか。事実、ドイツの肉専門店で生ハムのスライスをオーダーすると、極薄くスライスする。日本の肉屋でいうと、ちょうどしゃぶしゃぶ用の肉のあの薄さだ。日本の生ハムは、真空包装で販売され、やや厚切りで、甘みが強く、ヨーロッパのものとは味が違う。日本のメーカーが、日本人の口に合うように味付けしてつくりだした製品といえる。本当の本物といえるような生ハムの味は、現地に行かないと分からない。

生ハムはワインに合う。私がつくるロース肉使用の生ハムは完成まで2か月間、待つ甲斐のあるハムである。

●生ハムと食中毒

生ハムは完全な生製品である。ヨーロッパでは、医者は必ず妊婦さんに「妊娠期間中は生ハム、ナチュラルチーズを控えるように」と指導する。生ハムの表面には、食中毒菌が付着していることが多々ある。リステリア菌という食中毒菌である。妊婦がリステリア菌による食中毒にかかると、流産の危険が伴う。ヨーロッパではこの菌による食中毒事件が多いと聞いている。

日本でも、現に関東圏に店を展開しているスーパーで、イタリアのパルマ産生ハムを販売していたが、抜き打ち検査で食中毒菌が検出された。この製品は、輸入業者がイタリアから塊肉の状態で輸入し、自社工場でスライスして袋に詰めた。そのスライス工程に問題があった。塊肉の表面に付着していたリステリア菌が、スライスするときに、スライス面に付着し繁殖したのである。

２００２（平成14）年には、国産の生ハムでも抜き打ち検査でリステリア菌が検出された。生ハムつくりは難しくはないが、表面にはどうしても空気中に浮遊する菌が付着する可能性が高い。

●ミートテンダー利用による食中毒

生ハムつくりで厳守することは、ミートテンダー（筋切器）を使わないことだ。ミートテンダーは肉を軟らかくする目的で使うが、それが原因の食中毒もある。２００１（平成13）年４月に、関東近県でローストビーフを食べた人に食中毒が発生し、死者も出た。食中毒菌はＯ-１５７。製造工場はＨＡＣＣＰ認定工場で、工場側は製造中の食中毒菌混入は考えられないと回答した。原料の牛肉はアメリカからの輸入品で、幸い輸入業者の冷凍庫に少々残っていた。これを保健所が検査したところ、表面に付着した病原性大腸菌Ｏ-１５７が検出され、これが原因と確認された。工場では肉を軟らかくする目的で、ミートテンダーを使っていた。その作業で肉の表面のＯ-１５７が肉中に押し込められ、半生状態の肉中心部に菌が繁殖した。

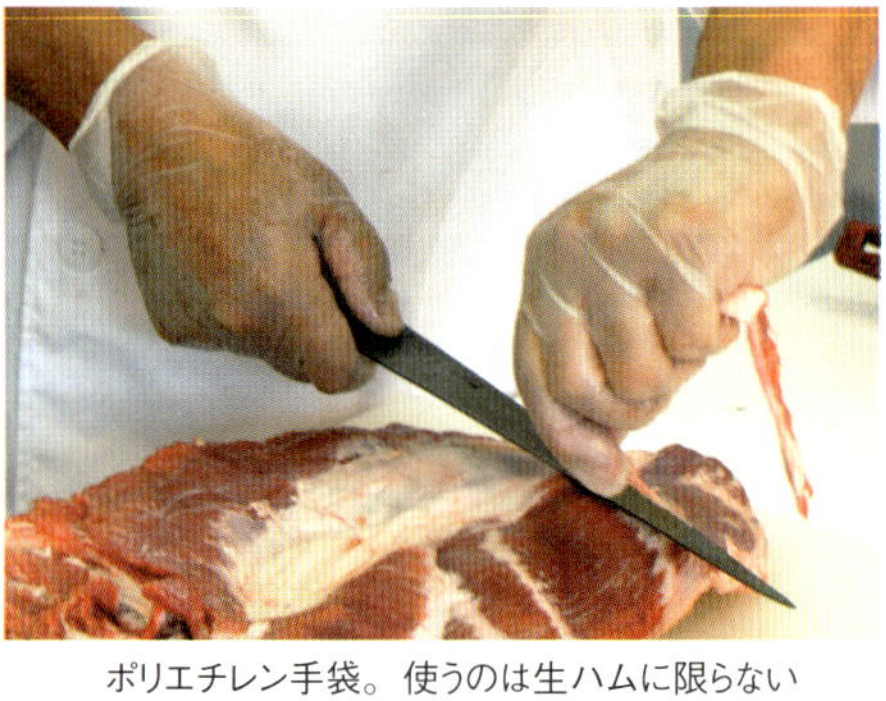
ポリエチレン手袋。使うのは生ハムに限らない

肉の塊の表面には、常に食中毒菌が存在していると思って作業をしたほうがよい。ミートテンダーは使わないことを

お勧めする。

●肉には素手では触らない

私も生ハムをつくる。生ハムの完成後は、そのたびに茨城県細菌検査センターに大腸菌、リステリア菌の検査を依頼している。これまで問題は発生していないが、常に衛生上、「食品衛生法適合・ポリエチレン手袋」を使っている。素手には菌が付着していると考えて仕事をすることが大事だ。

利用する肉の部位と使う器具

原料には豚肉ロース肉塊を使う。家庭でつくるときにはロース肉が手ごろである。肉の繊維を切断するミートテンダーは絶対に使わないこと。使ったら細菌が侵入し、繁殖して失敗する確率は100%。よくよく注意したい。

●食塩、スパイスほか

塊肉2kgに対して

●岩塩/90g　●粒ブラックペッパー/3粒

●使う器具

平らなバット（豚ロースが入るサイズ）、脱水シート（商品名はピチットシート）

つくり方とそのポイント

購入したロース肉塊を整形し、表面に付いている皮膜・スジ・軟骨を取り除く。肉表面に食塩・粒ブラックペッパーをすり込み、脱水シートで肉全体を包装し、冷蔵庫に保管する。週に1度、脱水シートを交換する。最低2か月続ける。

1 整形

鮮度のよい豚ロース肉を購入し、表面に付いている表皮、軟骨、スジを取り除く。

2 塩などのすり込み

ロース肉の表面に岩塩、粒ブラックペッパーをすりこむ。

3 全体の包装

脱水シート（ピチットシート）で肉の塊を包装する。

4 冷蔵庫での保管

1週間に1度、脱水シートを交換する。岩塩のしゅうれん作用と脱水シートの水分を吸収する効果によって、肉中の水分が減少してくる。塊肉の重量が半減する。その状態は脱水シートを交換しながら、肌で感じることができる。脱水シートの交換のときに、必ず食品衛生法適合の手袋を使うこと。「手は菌だらけ」と認識し、素手で肉に触れないことが肝心だ。この塩漬けでは、岩塩を少ししか使わないので、塩抜きは必要ない。

5完成・保存

食べるときには、表面の肉の周りに細菌が付いていることがあるので、肉表面全体を薄く切って捨てる。できるだけ薄くスライスするとおいしさが増す。残った生ハムは、ラップフィルムできっちり包装して保存する。保存期間は3週間である。

ラップフィルムで包装する

粗挽きウインナーソーセージのつくり方

手づくりウインナーソーセージ *

粗挽きウインナーソーセージの特徴

体験学習で一番人気があるのが、粗挽きウインナーソーセージつくりだ。ここでは実際に私が行なっている粗挽きウインナーソーセージのつくり方について紹介する。つくり方は簡単だ。市販の挽肉に塩、スパイスを添加し、粘りが出るまで捏ねる。粘りが出たらケーシング（羊腸）に詰める。食感は市販の商品に比べて、歯ごたえがある。スパイスの増減で自分の味を出せる楽しみがあるので、手づくりにチャレンジする人が増えている。

利用する肉の部位と使う器具

結着性、保水性のよい肩肉、スネ肉

ソーセージの原料肉は、店で販売されている挽肉を使う。挽肉の材料は、豚肉の肩肉、スネ肉が主だ。この部位は挽肉にすると、結着性、保水性に優れている。肩やスネなどの運動する部位の肉は、グリコーゲン含量が多く、乳酸の発生量も多い。グリコーゲンや乳酸を多く含む部位は、結着性、保水性に優れている。

消費者の一部には、ソーセージの原料肉はくず肉を集めてつくるのではないかと思い込んでいる人がいると聞く。とんでもないことだ。挽肉の原料、とりわけソーセージの原料になる挽肉は、結着性　保水性が優れている部位、すなわち肩肉、スネ肉の挽肉だけである。私がつくる手づくりソーセージは、豚肩肉・スネ肉の挽肉だけである。肉屋さんでは、挽肉の材料には非常に神経を使っている。

赤身肉の多い挽肉を選ぶ、こねすぎない

挽肉の原料になる部位は、肩肉、スネ肉だ。この部位の挽肉５kgを使ってソーセージをつくる。手づくりソーセージをうまくつくるポイントは二つある。一つ目は脂肪分の少ない赤身肉の多い挽肉を使うこと。二つ目は捏ねすぎないこと。挽肉を購入するときは、手づくりソーセージに興味のある人、あるいは経験者がいる店で購入することをお勧めしたい。手づくりソーセージをつくりたいという人の中には、肩ロース肉の挽肉を注文する人がいる。肩ロース肉は、結構脂肪分があるので、私としては賛成しかねる。ただ、好みもあることなので、どうしても肩ロース肉の挽肉を原料にしたいという人には、脂肪を取り除いてくれと注文されることをお勧めしたい。私のお勧めの部位はスネ肉（前足と後足にある）、ウデ肉（前足の部分）の挽肉だ。ただ、

ウデ肉も脂肪を除去してくれと注文したほうがよい。

●食塩、スパイスほか

肩肉とスネ肉をあわせた挽肉1kgあたり

●食塩／7g　●ペッパー／4g　●ナツメグ／1g

●豚腸／1・5m（羊腸なら2m）

●使う器具類

必要になるのは挽肉をいれるボウル、充填機、乾燥機・燻煙器、煮釜、乾燥・燻煙のために使うフック、乾燥・燻煙のときに腸詰をぶらさげる棒などである。

つくり方とそのポイント

挽肉を手で捏ねて充填機で腸に詰め、乾燥・燻煙をした後、湯煮、冷却という手順である。

1 挽肉と食塩、スパイスを捏ねる

ボウルに挽肉、食塩、スパイスを入れ、手で捏ねる。初めは指を猫のように立ててかき回す。小麦粉でパン、うどん、あるいはそばをつくるときと同じ要領だ。ある程度、捏ねたら挽肉をボウルに叩きつける。挽肉に含まれている空気を抜くようなつもりで行なう。豚の脂肪は人間の体温で溶けるので、できるだけ手早く行なう必要がある。たたきつけているうちに挽肉に粘りが出てくる。粘りが出てくるのが手の感触で分かる。捏ね上げた時点で、挽肉の温度が

挽肉を捏ねる　最初は指を立てるようにする *

捏ねて粘りの出た挽肉（右）と捏ねる前のもの *

ある程度捏ねたらボウルに叩きつける

充填機による腸詰。腸を揉みながら
空気を追い出すようにして行なう＊

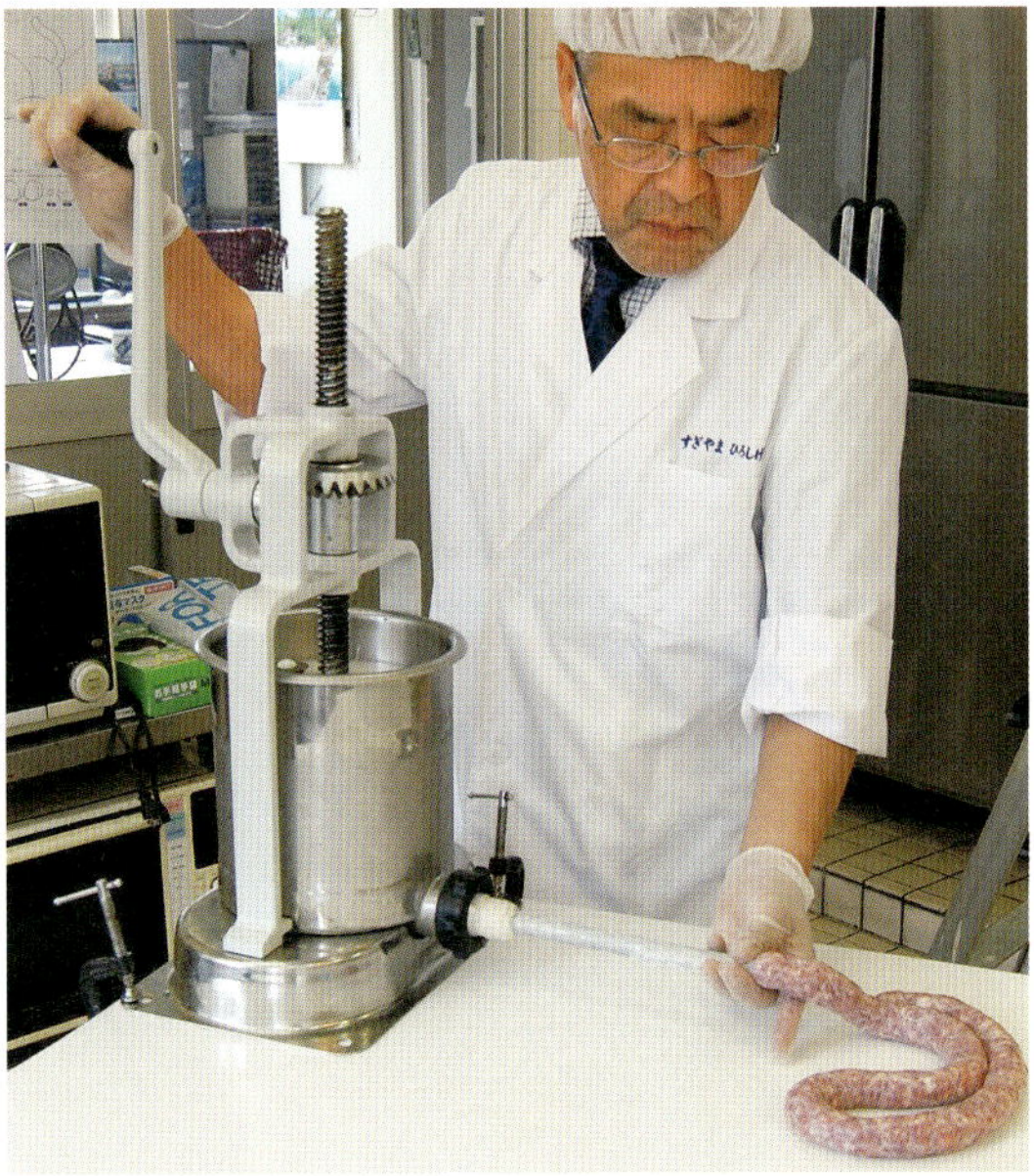

充填機による腸詰。右手でハンドルを回し左手はケーシングを操作

糸なしの結紮。仕上がり＊

ひねりを加えてくびれをつくる＊

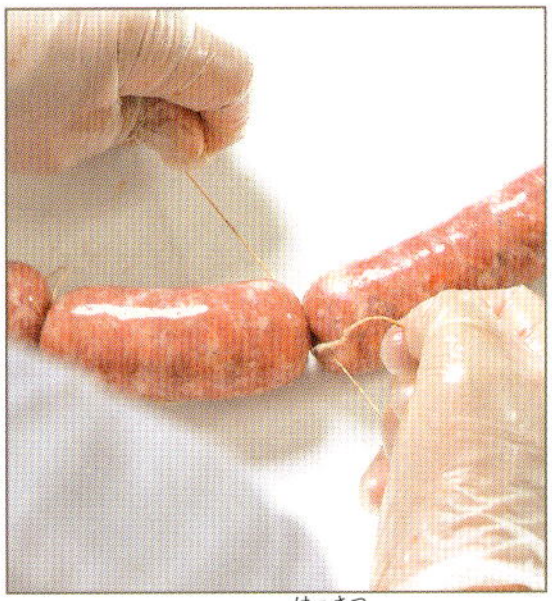

糸による結紮《けっさつ》＊

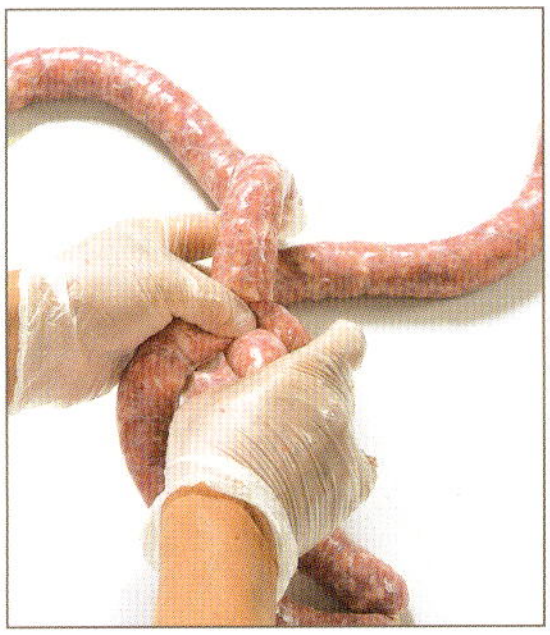

熟練すると糸を使わずにできる＊

糸による結紮＊

燻煙。スモークウッドで燻煙する＊

燻煙。桜の乾燥原木を使う＊

10℃以上にならないことがコツである。この温度ならば粘りは最高の状態である。豚脂肪は人間の体温で溶けてしまうということを、頭に入れて作業しなければならない。最も大事な工程である。

2 腸詰め

充填機で腸に詰める。詰めるときに、腸の中にどうしても空気が入る。これを防ぐには、腸を揉みながら充填するとよい。要は空気を腸の中から追い出すことである。この作業も慣れてくると、簡単にできるようになる。詰め方は硬くもなく、軟らかくもなくという状態を心がける。硬ければ腸が破け、逆に軟らかいと仕上がりの食感が悪くなる。

腸に詰めた後、好みの長さにタコ糸で縛る（結紮《けっさつ》という）。慣れるとプロのように、糸なしでも腸をひねり、絡めるやり方ができるようになる。

3 乾燥

腸に詰めたら、直ちに40～50℃で2時間ほど乾燥を行なう。種火は炭火でよい。炭火が強すぎると腸の表面に脂肪がにじみ出てくるので、強火にならないように注意が必要だ。

4 燻煙

乾燥したら燻煙を行なう。燻煙材はスモークウッドでよい。1本を二つに折る。2時間くらい行なう。燻煙室（器）内の温度は40〜50℃でよい。燻煙室（器）内が大きいなら、桜の原木を使うこともできる。炭火だけで乾燥・燻煙を行なう人がいるが、やはり桜の原木、桜のチップを使って燻煙を行なったときの香りは格別だ。

5 湯煮

湯煮温度は73〜75℃、湯煮時間は、腸の太さ1㎜につき1分間の計算で設定する。腸の直径が20㎜ならば20分間行なう計算だ。

6 冷却

冷却は、ウインナーをシンクに入れ、水道水を流し放しにして、15分くらい行なう。水道水の流量は人差し指の太さくらいがよい。

湯煮。73〜75℃の湯に＊

ウインナーをシンクから引き上げるときに、水面に浮遊している脂肪分がウインナーの表面に付着する。そのままにしておくと表面が脂肪でべとべとし、乾燥すると脂肪が白く目立ってくる。これを防ぐには、引き上げる時に50℃の湯を掛け流すことをお勧めしたい。

冷却。水道の水量は人差し指の太さで＊

7 保存・調理

保存期間は冷蔵庫で1週間である。食べるときにテフロン加工された蓋つきフライパンで、油を使わずに炒める。炒めているうちに腸の表面に脂肪分がにじみ出てきて、ひかり輝く。軽く焦げ目が付いたら終了。炒めることで使った羊腸も歯ごたえがよくなる。粗挽きウインナーは炒めると、おいしさが醸し出される。

ボイルドサラミソーセージのつくり方

利用する肉の部位と使う器具

●本場ドイツは牛肉が原料

ハム・ソーセージの本場ドイツでは、湯煮をしない生サラミソーセージが人気のようだ。ところが市販品の主流はボイルドサラミソーセージである。その理由は、つくる上でリスクが大きいことだ。生サラミソーセージは、風乾によって熟成させるものだが、風乾は気候によって左右される。その点ボイルドすれば、条件は安定しかつ安全だ。サラミソーセージに使われる牛挽肉には、老廃用牛が最適だ。水分が少なく、脂肪も少ないからである。

ここでは牛挽肉ではなく、豚挽肉だけでつくるボイルドサラミソーセージについて述べる。私の仲間には、冬季に実際にボイルドサラミソーセージをつくっている人がいる。彼曰く、「自分でつくったボイルドサラミソーセージをつまみに、ワインを飲む。最高だね」。彼は1週間かけてつくり上げている。

●食塩、スパイスほか

豚肩肉、スネ肉の挽肉5kg（脂肪分少なくしたもの）に対して、

- 食塩／35g　● ブラックペッパー／10g
- 砂糖／10g
- ガーリック／25g（みじん切り）
- オールスパイス／10g　● 豚腸／6m

●使う器具

羊腸または豚腸、ボウル、充填機、乾燥・燻煙器、煮釜などが必要である。

◆人工ケーシング

ボイルドサラミソーセージをつくるとき、練り肉をサラミ用人工ケーシングに充填する方法と、豚腸を使う方法とがある。サラミ用人工ケーシングは表面に空気を吸い入れたり、煙を吸い込んだり

ボイルドサラミソーセージ

するための小さな穴がある。この小さな穴を通して煙が内部にじんわりと浸透していく。その結果、製品全体がすばらしい香りになり、保存性も向上する。

豚腸に充填したときは、3日間くらい、乾燥室にぶら下げる。製品全体を自然に乾燥させる。乾燥すると、製品全体がきれいに絞られる。ボイルドサラミソーセージは自然乾燥が大条件なので、つくる時期は冬がよい。冬の夜、軒下にぶら下げておくだけで、製品全体が自然乾燥される。

◆燻煙装置には縦型事務用ロッカー

サラミソーセージをつくるには1週間くらいじっくり時間をかけるので、乾燥・燻煙室（器）は大きめが望ましい。幅60㎝、横60㎝、高さ160㎝のサイズを確保したい。私が勧めたいのは、更衣室にある縦型のロッカーを燻煙室（器）に利用することだ。

サラミソーセージ用の豚腸ケーシング

豚腸ケーシング *

つくり方とそのポイント

サラミソーセージは牛肉、豚肉の挽肉を原材料に、ガーリックをスパイスの中心として乾燥・燻煙・湯煮してつくる。

1 挽肉を手で捏ねる

ボウルに挽肉、食塩、スパイスを入れ、手で捏ねる。ミキサーがあるならばさらによい。ミキサーで捏ねると空気の抜け具合がよい。肉温の上昇を遅らせることができる。手で捏ねるより粘りが出てくるなどメリットは大きい。

2 ボウルに叩きつける

粘りが出てきたら肉温が上昇しないように気をつけながら、挽肉をボウルに叩き付ける。こうすることで、粘りを最大限引き出す。

3 ケーシングの処理

サラミソーセージ用人工ケーシングの場合は、30分前にぬるま湯に浸し、軟らかくしておく。豚腸は、塩蔵されているので、ぬるま湯で塩分を流し去り、その後12時間ぬるま湯に浸して軟らかくしておく。

4 ケーシングに充填

ボウルに叩きつけて粘りが出てきたら、挽肉を充填機に入れ、豚腸に詰める。空気が入らないように押し込みながら入れる。硬くもなく軟らかくもないように充填する。詰めるのが終了したら、腸を好みの長さにタコ糸で縛る。縛るときに注意する点は、縛った腸と腸との間に間隔をあけること。長期間乾燥させるので、腸と腸が密着していると、仕上がりのときに、その部分だけ白くなってしまう。間隔をあけておくと、白くなることはない。この点は常に注意したい。

5 乾燥

冬季は乾燥・燻煙室（器）で4～5日間風乾させる。腸に詰めた練り肉全体がひき締まっていき、乾燥が進行するにつれて、充填物全体がなんともいえない、これがサラミだという感じになってくる。ここで大切なことは、吊るした腸同士がくっつかないようにすることだ。くっついてしまうと、4日間の乾燥期間中に重なり合った部分は、はっきり目立つようになってしまう。次の燻煙にかかると、さらに白さが目立つようになる。乾燥・燻煙室（器）のサイズを考え、無理のない数量の製品をぶら下げることが、乾燥では重要なポイントになる。

風乾後、乾燥・燻煙室（器）を30℃前後になるように炭火を焚いて、調節しながら3～5時間くらい乾燥させる。

6 燻煙

燻煙室（器）の温度は乾燥のときと同じでよい。スモークウッドに火をつけて燻煙を行なう。スモークウッド3本を縦に並べて行なってもよい。桜の原木もよい。空気口を調節し、ウッドや桜の原木が燃えないように行なうことが、燻煙での重要なポイントになる。

7 湯煮

73～75℃の湯で湯煮する。湯煮時間は、ソーセージの直径1㎜につき1分間の計算で設定する。豚腸の直径が30㎜ならば30分湯煮を行なう。

8 冷却

冷却は、シンクの中で水道水を流しながら行なう。水道水の流量は人差し指の太さくらいがよい。時間は20分間前後が適当。

9 保存

長期の風乾、乾燥、燻煙で水分活性が低下しているので、冷蔵庫での保存期間は30日間。他の製品より長いのが特徴といえる。

ミートローフのつくり方

ミートローフ＊

ドイツではfleischkase（フライッシュケーゼ）すなわち肉のケーキと呼ばれている。

加工機器の必要ない肉加工品

ウインナーソーセージの体験学習をしていると、受講生から「充填機はどこで購入できますか」「豚腸はどこで購入できますか」と質問される。体験学習を行なっている主催者ですら、販売元を知らないのが現状である。体験学習でつくってはみても、家庭ではそれほどつくられていない証拠ではないだろうか。

そこで私は、充填機などの装備が必要ない畜肉加工品として、ミートローフつくりを勧めている。。ウインナーソーセージの生地を、食パンの焼成のときに使う型枠に入れて、オーブンで焼き上げるだけ。つくり方はシンプルで、ほとんど機器も必要としない畜肉加工品である。つくり方に慣れたら、挽肉の中に野菜を入れたり、ベーコンのサイコロ状の塊を入れたりして、料理の範囲が広がる。

利用する肉の部位と使う器具

原料肉は肩肉やスネ肉を挽肉にしたものである。ここでは挽肉1kgでつくる場合について述べる（手づくりソーセージのときの挽肉と同じよい）。

●ミートローフの基本配合

豚肩肉、スネ肉の挽肉1kgに対して

●食塩／7g　●ブラックペッパー／5g

●ナツメグ／1g　●ガーリック／3g（みじん切り）

●使う器具類

ボウルのほか、食パンを焼成するときの型枠、オーブンレンジなどを準備する。

つくり方とそのポイント

挽肉、食塩、スパイスを捏ねて、粘りが出てきた段階で、食パンの型枠に入れて、オーブンで焼くという手順である。

1 捏ねる

ボウルに挽肉、食塩、スパイスを入れ、手で捏ねる。

2 ボウルに叩きつける

肉温が上昇しないように、ボウルの中の挽肉を叩きつける。粘り（結着性）が出てくるまで繰り返す。叩きつけることで、挽肉の中の空気も抜けていく。

ボウルに叩きつけるようにして捏ねる*

パン型枠に入れる*

ブラックペッパーをかぶせるように敷き詰める*

豚肉は赤身肉だけのように見えても、実際には脂肪が含まれている。人間の体温で溶けるので、叩きつけるやり方は、粘りを出すには最高である。この叩きつけるやり方は、ドイツの家庭でつくる手づくりサラミソーセージの方法と同じである。

3 食パン型枠へ移す

粘りが出てきたら、食パン焼成のケースに入れる。ケースの練り肉の上に、粒状ブラックペッパーを薄く撒く。こうすると焼き上がりがきれいで食感もよろしい。ただし小さなお子さんがいる家庭ではペッパーに好みがあるので注意されるように。

5 焼成

オーブンで焼く。温度150℃で肉厚が5㎝なら50分間が目安である。温度が高いと肉汁が多く出てしまう。おいしさは肉汁にあるのでいかに肉汁を出さずに焼き上げるかがこの工程のポイントになる。

4 放冷・冷却

焼きあがったら、にじみ出た肉汁を捨てる。捨てないで放冷・冷却を行なうとミートローフがケースにくっついて外しにくくなる。仕上がりはケース型の肉塊となるので、食べるときはナイフで薄くスライスする。保存期間は冷蔵庫で1週間である。

オーブンで焼く＊

焼き上がり＊

薄く切って食べる＊

肉棒（ミートスティック）のつくり方

肉棒（ミートスティック）

毎月1回のハムつくり同好会では、私が原料肉を仕入れ、塊肉から余分な脂肪、スジ・軟骨などを取り除く。このときに除去されたスジ・軟骨も捨てずに利用している。利用方法はいろいろあるが、挽肉にし、手で捏ねて棒状にして焼き上げる加工品を紹介したい。仲間のうちで「肉棒（ミートスティック）」と名付けたものである。

スジ・軟骨をおもに使っているので、こりこりとした食感がある。若者にいわせると、このこりこり感がなんともいえないという。皮のないフランクフルトソーセージのようだ、という人もいる。

利用する肉の部位と使う器具

原料肉はスジ・軟骨と普通の挽肉。スジ・軟骨だけでは粘りが出ないので極少々普通の挽肉を使う。ここではスジ・軟骨、挽肉を合わせて1kgの原料肉を使う場合について述べる。

ミートスティックの基本配合

原料肉1kgに対して

- 食塩／7g
- ブラックペッパー／4g
- ナツメグ／1g
- ガーリック／3g（みじん切り）

●使う器具類

ボウルのほか、テフロン加工のフライパン、フライパンに合うふた。

つくり方とそのポイント

挽肉、食塩、スパイスを捏ねて、粘りが出てきたら手で棒状に細長い形にする。それをふたつきのフライパンでじっくり焼き上げる。

1 捏ねる

ボウルに挽肉、食塩、スパイスを入れ、手で捏ねる。

2 ボウルに叩きつける

肉温が上昇しないように、ボウルの中の挽肉を叩きつける。粘り（結着性）が出てくるまで繰り返す。叩きつけることで、挽肉の中の空気も抜けていく。

3 手で細長く形をつくる。

粘りが出てきたら、棒状（穴のないちくわのような細長い形）につくる。

4 フライパンで焼く

テフロン加工のフライパンに入れ、ふたをして中火で焼く。両面に焦げ目が出てきたら焼き上がりだが、必ず肉中心温度計で肉棒の中心温度を測定すること。肉棒が太いと時間がかかるし、細いと焼き上がりが早い。内部が67℃になっていたら火をとめる。

フライパンで焼く。
ふたをすると熱の回りがよい

スジ・軟骨の煮込み料理のつくり方

ドイツでは、豚肉の処理をしたときに生じるスジ・軟骨は煮込んでゼリーで固めたり、高速の目の細かいチョッパーで挽肉状にし、安価なソーセージに利用したりしている。ここでは家庭でも簡単にでき、日本人の口に合う、煮込みについて紹介する。

利用する肉の部位と使う器具

スジ・軟骨は煮込むと軟らかくなる。私は祭事のときに、

「スジ・軟骨煮込みどんぶり」として販売している。非常に好評だ。加工のポイントは原料となるスジ・軟骨から臭みを抜くための水洗いと、煮込む時間にある。

スジ・軟骨とスパイス

ここで使う原料肉はスジ・軟骨のみである。味付けは、本書の焼き豚のタレの配合を利用する。

スジや軟骨5kgに対して、

- 醤油／4000ml　●水／4000ml
- 砂糖／1kg　●みりん／500ml
- リンゴ1個　●ショウガ／1個
- ガーリック／1個（スライス）
- だし昆布／2枚

リンゴ、ショウガ、ガーリックはスライスする。だし昆布は短めに切っておく（タレのつくり方は次項参照）。

使う器具

大き目の鍋のみである。

つくり方とそのポイント

臭み抜き

スジ・軟骨を水洗いする。水洗いして、スジ・軟骨に残っていた血液を取り除く。水洗いは、最低でも3回。その後、鍋に入れて加熱する。50℃になったら、鍋の中の湯を捨てる。この作業を3回ほど繰り返す。この時点でよい香りになっている。

煮る

鍋を火にかけるが、沸騰させないこと。鍋の中の湯温が70℃になったら、焼き豚のタレ（つくり方は次項）を入れる。タレは一度に入れずに、少しずつ味を見ながら、足していく。薄い味から濃い味にするのは簡単だが、その逆は大変だ。スジ・軟骨にタレをいかに浸透させるかが、ここでのポイントである。3時間、中火で煮るとおいしい味になる。

一晩冷蔵した翌日がヘルシー

煮込んで暖かいうちに食べるのもよいが、一晩放冷し、冷蔵庫で冷却すると、鍋の表面に脂肪が塊として浮いている。その脂肪の塊を取り除いてから、再び暖めてから食べると、脂肪分がないので、非常にヘルシーな味になる。

スジ・軟骨煮込みどんぶり

祭事などで煮込みどんぶりとすれば、一杯500円くらいで販売できる。

直火焼き豚のつくり方

直火焼き豚

焼き豚の命運をにぎるつけダレ

巷で販売されている焼き豚には、焼き豚とは名ばかりで、煮豚に焦げ目をつけただけという代物もある。当然ながら、これは焼き豚とはいえない。

ここでは本格的な直火焼き豚のつくり方を述べたい。焼き豚は漬けダレつくりからスタートする。タレが命運を握っているといってもよい。

つけダレの基本配合

焼き豚を5kgつくる場合の漬けダレの配合

- 醤油／4000ml
- 水／4000ml
- 砂糖／1kg
- みりん／500ml
- リンゴ／1個
- ショウガ／1個
- ガーリック／1個
- だし昆布／2枚

リンゴ、ショウガ、ガーリックはスライスする。だし昆布は短めに切っておく。

タレのつくり方

リンゴ、ショウガ、ガーリック、だし昆布はさらし布袋に入れる。さらし布袋に入れた材料と一緒に、鍋の中に残りの原材料を全て入れ、火にかけ加熱する。80℃になったら火を止める。沸騰しないようにする。沸騰すると昆布のうまみ成分が破壊されてしまう。鍋を放冷したのち、冷蔵庫で冷却する。冷蔵庫で1週間熟成させる。熟成させないで使うと、タレの味はばらばらである。常時タレを使うときは、継ぎ足しを繰り返すことだ。秘伝のタレのコツは、継ぎ足しを繰り返すことにある。

冷蔵庫で熟成させた漬けダレ

このタレは焼き豚だけでなく、焼肉にも利用できるし、ごはんに掛けてもおいしい。用途が広いので殺菌処理した容器に保存することをお勧めしたい。

●モモ肉の塊を使う

豚モモ肉の塊を使う。ボンレスハムに使う部位肉と同じである。この肉の塊を小割りする。モモ肉といっても、部位によって肉質の絞まっているところ、ソフト感のあるところとがある。どの部位がおいしいかは食べる側の好みによる。

●使う器具

簡易注入器のほか、漬け込み用バット、焼き機、温度計、フックが必要になる。

❖つくり方とそのポイント

豚モモ肉の塊の表面の軟らかい脂肪、スジ・軟骨を除去した後、小割りにして整形する。これにタレを注入し、漬け込んだものを、焼き機にフックでぶら下げて焼き上げて仕上げる。

1 小割りの整形

市販の豚モモ肉の塊を購入すると、通常はきれいに脂肪、軟骨、皮膜は除去されている。そうでないときは、きれいに除去し、大きな塊のときは焼きやすいサイズに切り分ける。

2 タレを注入

整形。モモ肉を「シンタマ」（左）や「トモサンカク」まで小割する

タレを注入する

簡易注入器でタレを注入する。簡易注入器がないときは竹串かフォークで肉を刺し、タレが浸透しやすいようにする。

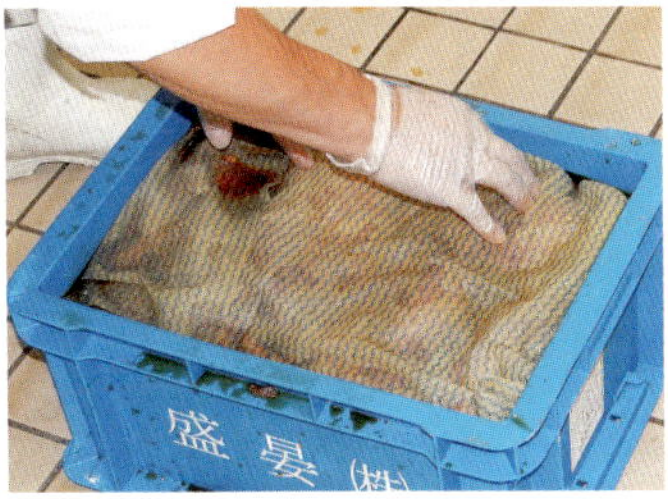

漬込み。乾燥しないように
カウンタークロスをかぶせる

漬込み。焼き豚のタレにモモ肉を漬け込む

③タレに漬け込む

漬け込みのときに、肉の上にさらし布あるいはカウンタークロスをかぶせておくと、上になった肉が乾燥せず、具合がよい。タレに漬け込んでいる期間中、2日に1度、上下の入れ替えを行なうことがこの工程のポイントである。入れ替えを行なうことで味にムラが生じない。

④直火で焼く

次の工程は焼き上げることだ。焼き上げる機器はどのようなものがあるか。私は燻煙に使う燻煙器で焼き上げている。事務用ロッカーだ。私の事務用ロッカーは、熱が逃げないように外枠を板で囲ったものである。種火は炭火で七輪を利用、七輪の上にタレや肉汁がしたたり落ちるので、受け皿を設置した。受け皿がないと灰が舞い上がってしまう。焼き機の室内が狭いと、火力が強すぎて、肉表面だけが硬くなる。できるだけ中火で行なうことが大事だ。焼き機の室内の理想温度は１４０℃だが、私が使っている外枠に木の囲いをした燻煙器では１００℃が限界だ。室内が１００℃だと5時間ほど時間がかかる。肉中心温度計で中心部を測定し、67℃になったら焼きあがりだ。そのときの焼き豚の表面は光輝いている。回数を重ねると肉表面の色つやで焼き上がりが分かるようになる。

直火で焼いて食べるのが一番おいしいのだが、焼き機がないときは、家庭のオーブンでもできる。オーブンの温度は１５０℃とし、焼き時間を、肉の厚さ1㎜につき1分間の計算で設定する。焼いている間に、塊肉から脂肪分がにじみ出てくるから、肉の下に網を敷くとよい。そのほうがきれいにおいしく焼き上げられる。

◆保存

できあがった焼き豚の保存期間は、冷蔵にして3週間。

燻煙器。事務用ロッカー木枠付き

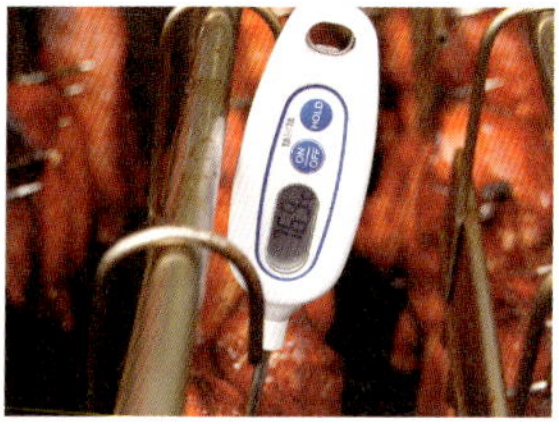

焼成の目安。中心温度 67℃以上*

保存期間中はサランラップで包んでおくこと。

◆食べ方

この焼き豚をラーメンのどんぶりに入れると、焼き豚に滲み込んだおいしさがラーメンのスープに奪い取られてしまう。この焼き豚は皿に盛り付けて食べることをお勧めしたい。ラーメンのどんぶりに入れる焼き豚は、焼き豚ではなく煮豚が向いている。

かけダレのつくり方

焼成の仕上がり*

焼き豚を食べるとき、かけダレをほしがる人がいるが、この焼き豚は肉全体にはじめからタレを浸透させているので、かけダレは必要ない。どうしてもほしいという人のために、かけダレのつくり方を紹介する。直火で焼き上げた焼き豚は、塊肉のままなら時間が経過しても焼き上がりの色には変化はない。しかし発色剤を使用していないので、スライスするとスライス面が褐色化現象を起こし、見た印象が悪い。そこでスライス面にタレをかけると、褐色化した部分がタレで隠されて見た目がよい。そのタレは、タレをかけた後、時間が経過してもおいしさを保たねば価値がない。

●原料と配合

●醤油／1000ml ●水／1300ml

●砂糖／700g ●片栗粉／適宜

●手順

片栗粉は水に溶かして準備しておく。鍋の中に醤油・水・砂糖を入れて、あくをとりながら、弱火で煮込み、沸騰したところで、水に溶いた片栗粉を入れてとろみをつけるものである。かけダレをつくるうえで注意したい点は、かけダレはスライス面にしみ込むかしみ込まないかくらいの状態がよいので、「とろみ状態は軟らかいほう」を勧める。

脇役も大事に
ハンバーグソース（デミグラスソース）のつくり方

❖ソースが決めてのハンバーグソース

●じっくり煮詰めて仕上げるソース

ハム・ソーセージをつくっていると、必ず出合うのが、おいしいハンバーグである。ハンバーグは年齢を問わず好まれている。ここではハンバーグソースのつくり方を紹介する。

ハンバーグソースは、西洋料理の基本的なソースの一つで、デミグラスソースと呼ばれている。レストラン風のデミグラスソースといっても、店によって多少つくり方が違う。ある店では牛のスジ肉を野菜類と炒めてから煮出して、味のよいスープを取り、別につくったルーをこのスープでのばして、味を調えて煮詰めてソースに仕上げている。プロは仕上げるまでに、1週間かける人もいると聞く。プロはソースが身上だから、このくらいの日数を掛けるのは当然かもしれない。ただ、手間暇かけたからといって、それがそのままお客の評判を呼ぶかとなると、そこは一概にはいえない世界である。

ここでは家庭でもできるハンバーグソースのつくり方について紹介する。

仕上がったハンバーグソース

●原料とその配合

●牛のスジ肉またはスネ肉／300g ●タマネギ／2個（みじん切り） ●ニンジン／1本 ●セロリ／1本（根に近い部分は千切り） ●ラード／大さじ3杯 ●小麦粉／大さじ3杯（つなぎに使うので好みの量） ●ブイヨン（固形可）／適量 ●トマト／2個（みじん切り）●ローリエ、

タイム、パセリなどのハーブを一緒に束ねたもの。

●つくり方の手順

つくり方を図に示す。じっくり煮込むのがポイントだ。3時間かけて半分量まで煮詰めていく。

ハンバーグソースのつくり方

牛のスジ肉・タマネギ・ニンジン・セロリ・ラード

↓

厚　鍋

↓

炒める　　臭みをとる

↓

小麦粉を入れて炒める

↓

ブイヨンを入れて煮詰める　　固形でも、液体でも可。多めに

↓

トマトのみじん切りを入れて煮詰める

↓

煮　る　←　ローリエ・タイム・パセリ ひとつに束ねていれる

↓

鍋が半分量となる　　3時間程度

↓

甘みを確認する

↓

味を調える　　甘みが出たら、塩・ペッパーで

↓

完　成

①鉄鍋に材料を入れる

②材料を炒め臭みをとる

③ブイヨンとセロリを加えて煮る

④トマトを加えてさらに煮詰める

⑤ 3時間程度煮詰める。鍋の半量ほどになる

脇役も大事に

ラードのつくり方

ラードは豚肉の脂肪からつくる。料理人にいわせると、料理にはかかせないという。私は豚を1頭単位で仕入れるので、ラードに使う脂肪はいつでも手にすることができる。ラードつくりには豚のどの部位の脂肪でもよい。脂肪に赤身肉が付いていないのが最高だ。

つくり方

鍋に背脂肪を入れて、加熱する。加熱していると徐々に脂肪が溶けてくる。溶けてきた脂肪を取り出し、耐熱性の器に入れる。これを繰り返し、放冷する。

取り出さないまま全部溶けるまで加熱していると、鍋の中の溶けた脂肪に焦げ目が付いた状態になってしまうので、8割方溶けたと思ったら取り出すようにする。

つくり方は簡単なので同好会の仲間はラードを自分でつくっている。

豚ではないが…

若鶏ムネ肉の直火焼きのつくり方

直火焼き若鶏ムネ肉 *

鶏のムネ肉を活かす

売れないムネ肉に付加価値を

鶏肉というとブロイラーのことを指している。ブロイラーとは動物性タンパク質を安く、早く摂取したいということで、第二次世界大戦のときに、アメリカで開発された鶏の肉用専用種のことである。日本では1960（昭和35）年頃から飼育が盛んになった。

鶏は、アメリカやヨーロッパでは、1羽丸ごとの料理が主である。日本では、解体して各部位ごとに販売されている。年末に新年の雑煮用としてブロイラーが販売されるが、この季節、鶏肉問屋は一番頭を抱えるときである。その理由は、店の注文のほとんどが「モモ肉」であるからだ。ムネ肉の注文は極端に少ない。外国のように1羽の取引なら問題は生じないが、日本は各部位の取引のため、どうしても在庫を抱える部位が出てくる。普段でもムネ肉は取引が少ないので、常に在庫を抱えている。

おいしくないから売れない。ただそれだけの理由だ。しかし、栄養学的には、ムネ肉は、疲労を予防し、疲労からの回復力を高めるイミダゾールジペプチドという物質を含むことが知られるようになり、注目されている。

店によってはムネ肉の表面にスパイスを塗り、スパイシームネ肉という名で販売しているところもある。見た感じはおいしそうだが、肉質になんら手を加えていないから、ぱさぱさ感はそのままだ。

ここでは肉質に手を加えてぱさぱさ感がなくなり、おいしさが増す加工法について紹介する。

ムネ肉をタレに漬け込んで焼く

ムネ肉はなぜ、おいしくないか。それは肉質に問題がある。ブロイラーは運動をさせないで飼育する。ムネ肉は特に運動不足になり、肉質に締まりがない。締まりがないから、食感は「ぱさぱさ」状態だ。料理研究家は「ぱさぱさ感」を逆手にとって、料理する前に次のように事前処理をする。

ムネ肉の重量に対し、10％の水、1％の砂糖、1％の塩を合わせて攪拌し、その中に最低2時間浸して液を浸透させる。この「液漬けムネ肉」を料理に使う。フライパンで焼いたとき、ふっくらとして、ぱさぱさ感はなくなる。しかも肉汁はたっぷりだ。

加工専門の私はふっくらさせずに、逆に肉を締める。締めるためには醤油中心のタレに漬け込む。私は焼き豚のタレを使っている。漬け込んでから、豚モモ肉の直火焼き豚と同じように、焼き上げる。原料肉の原価は安いが、焼き上がりは美味な製品となるので、それなりの価格で販売できるのが魅力だ。

ムネ肉と漬け込み用タレ

●ムネ肉

原料となる肉はブロイラーのムネ肉で、ここでは5kgを使うことにする。

●漬けダレの配合

若鶏ムネ肉の直火焼き5kgをつくる場合

●醤油／4000ml　●水／4000ml
●砂糖／1kg　●みりん／500ml　●リンゴ／1個
●ショウガ／1個　●ガーリック／1個　●だし昆布／2枚

リンゴ、ショウガ、ガーリックはスライスし、だし昆布は短めに切っておく（タレのつくり方は71ページ参照）。

●使う器具

漬け込み用容器、簡易注入器、焼き機、フック、肉中心温度計などである。

つくり方とそのポイント

ムネ肉についている鳥皮を肉のサイズに合わせて整形したのち、タレ（つくり方は71ページ参照）をムネ肉に注入する。タレに漬け込んで3日間冷蔵庫で熟成させてから、焼き上げる。

1 整形

ムネ肉に付いている鶏皮を肉のサイズに整形する。付いている軟骨も取り除く。

2 タレ注入

タレを注入する。ピンク色のムネ肉にタレを注入すると、肉が黒っぽく見える。タレの浸透の程度がよく分かる。

3 漬け込み

タレに漬け込み3日間冷蔵庫で熟成させる。

4 焼く

漬け込み終了後、フッ

焼成*

クに掛ける。タレで周りが汚れるので、ある程度タレを切ってからフックに掛けるとよい。焼き機の中の温度は140℃で60分間に設定して焼く。火力が強いと、鶏皮が焦げるので注意する。種火と焼き上げるムネ肉は、あまり近くならないことがポイントだ。

焼き機がないときは、家庭のオーブンを使うことをお勧めしたい。オーブンの温度150℃で肉の厚さ1㎜につき1分間の計算で行なう。

5 保存

仕上がったものをラップで包んで冷蔵庫で3週間。

やきとりのタレのつくり方

やきとりに合う醤油タレ

鶏のムネ肉を醤油タレに漬け込むと肉質がしまり、食感が向上することは前述した。

若鶏というと、一般的にやきとり屋が思い浮かぶ。繁盛しているやきとり屋の仕込みをしているところを覗くと、自分のところで正肉を仕入れて串に刺している。タレもまた自家製だ。タレも継ぎ足し、継ぎ足しで使い込んでいるので、タレ自体にうまみが出ている。ここではタレのつくり方について紹介する。

原料配合

- 醤油／2000ml
- 水2000ml
- 砂糖／1kg
- みりん／500cc
- ショウガ／一塊

手順

先にあげた原料を鍋に入れ、火をつける。弱火にして、アクを取りながら、鍋のなかみが当初の3分の2になるまで煮込む。つくる上での注意点は、弱火で行なうこと。アクも取り除き、攪拌も忘れずに静かに行なう。攪拌をおろそかにすると、タレ自体が焦げて臭くなる。

3章

鮮度のいいブロック肉でさらにおいしく

街場の肉屋さん、インショップの肉屋さんを味方に

●鮮度の違いが塩漬け液の濁りに現れる

「塩漬け液中の塩漬け液が濁っていますが、肉は大丈夫ですか」という問い合わせが、ときどきある。せっかく購入した肉が腐るようなことがあっては一大事だ。ハムつくり同好会でも、あるとき同じような質問を受けた。「ベーコンをつくるので、先日スーパーで豚バラ肉の塊を購入し、先生のテキストに沿って塩漬け液をつくって塩漬けしたら、塩漬け中に液が濁りました。液の濁りは特に心配はしませんが、同好会に先生が持ってきてくださる肉を使ったときに比べると濁りが早いのです。どうしてでしょうか」。

原因の一つは肉の鮮度である。鮮度が落ちて劣化したブロック肉の表面には、手で触っても、あるいは肉眼でも判断できるが、「ネト」らしき物質が発生してくる。それが塩漬け液の濁る原因になる。例えば金曜日にと殺し、土曜日の午前中に除骨した豚肉を翌週の月曜日に使うと、肉の表面の感触は少々ベトッとしている。この粘性物質は「ネト」と呼ばれる。ネトは、生肉やハムなどの表面に生じる粘液で、細菌やときには酵母（これら原因菌を粘液菌という）の菌体の集合したものであったり、またこれらの微生物の分解物、両者の混合物の場合もある。

ベーコンやロースハム、焼き豚などをつくるときは、厚みのある塊肉（ブロック肉）を使う。塩漬け液を肉の中心まで浸透させようとして、串やフォークで肉に穴を開け、液が浸透しやすいようにする。この塩漬け液が濁ってくると、香りが悪くなる。その液は内部まで浸透していくから、液が濁るとでき上がりの製品に影響が出てくる。こうしたことは常に豚肉に触っていると判断できる。繰り返しになるが、機会あるごとに肉に触ることは、肉を見分ける上からも非常に大事である。

●肉の公設市場のと畜日と肉問屋―肉の流通を知る

私が同好会に持参する豚肉は鮮度抜群である。なぜ鮮度がよいか。牛肉は熟成させたほうがおいしさを増すが、豚は鮮度だ。食肉公社で枝肉（半分割での骨のついた状態）にされたものがセリ（競売）にかけられ、骨抜きされる。セリの後、お客様の手元にいかに早く渡せるかが勝負であ

る。骨抜き後は鮮度が一気に低下する。私が持参する豚肉の鮮度がよいのはなぜか。答えは簡単だ。私には30年来、豚肉を納入してくれている信頼のおける肉問屋さんがいるからである。その肉問屋さんからは「毎週水曜日と土曜は鮮度のよい豚肉を納品できます。他の曜日も納入できますが、鮮度は低下していますよ」といわれている。これは、肉問屋の事情ではなく、肉問屋の仕入先の食肉公設市場の都合によっている。その肉問屋さんが仕入れている食肉公設市場の豚のと畜日は、毎週火曜日と金曜日である。火曜日にと畜された豚は、水曜日に骨抜きされてその日の午後には納入可能となる。金曜日にと畜された豚は土曜日に骨抜きされ、土曜日の午後には納入できることになる。

私が日曜日のハムつくり同好会で豚肉を使うときは、土曜日の午後に納入してもらう。どの肉屋、どのスーパーの精肉部門よりも鮮度のよい状態で豚肉が使えるというわけだ。

食肉公設市場は日本全国にある。規模の大きな食肉公設市場は、毎日と畜を行なっている。大手スーパーなどは、大きな食肉公設市場を利用している肉問屋を通じて肉を仕入れ、自社の加工センターに搬送してから、スライスや切り身にし、パック詰めにして冷蔵車でそれぞれの店に搬送する。食肉公設市場からの豚肉の流れがわかれば、私が使っている豚肉がいかに鮮度がよいか理解いただけると思う。私が同好会に持参する豚肉は、塩漬け期間を終了しても液は透明のままである。豚肉の鮮度の違いは、塩漬け中の液の濁りにあらわれる。

と畜日を知って鮮度のいい肉を―スーパーにテナント出店の肉屋さん、街場の肉専門店

鮮度のよい肉を仕入れようとしたら、どこの食肉公設市場を利用し、いつと畜をしたかを把握することが大事である。しかしスーパーの精肉担当者に聞いても分からないと思う。スーパーの精肉担当者は直接仕入れに関与しない。スーパーは組織が大きいので、分業化が進んでいるからだ。

スーパーのテナントとして入居している肉屋・肉専門店は組織が小さいので仕入れから、販売まで行なう。全てのことに携わり、仕入れのことまで熟知しているから、と畜日を知っている。商店街にある肉専門店も同じことが言える。

スーパーの精肉コーナーに陳列してある商品は、スーパーの本部の加工センターで一括処理して店に搬送されてくる。バックヤードの冷蔵庫にストックを置かないので特注に応え

てくれない。応じてくれても注文を受けると、その注文品は翌日の入荷になる。鮮度の面からみると、私が使う肉に比較して1～2日おくれて手に入る計算だ。その点、スーパーでテナントとして開業している肉屋さんや商店街の専門店は職人さんが常駐しているので、すぐに注文に対応してくれる。肉のと畜日も知っているので、鮮度の状態のよい肉を処理してくれる。注文に沿ってカットもしてくれる。「手づくりでベーコンをつくるので」と話すと、ベーコンに合うようにカットしてくれる。一度利用し、気に入ったら同じ店を利用することをお勧めしたい。注意したいのは、朝一番に店を訪問して注文するか、使う前日の夕方までに事前注文することだ。その理由は、店内のケースに陳列するスライス、切り身類のカットは当日の朝一番に取りかかるからである。店に遅く行くと作業が終わっていることもあるからである。

レバーの鮮度が店の鮮度だ

レバーが鮮度のバロメーターになる。入店客数の多い店ほど、豚レバー、牛レバー、鳥レバーなど種類も量も多い。入店客数が多いと売れるので、商品の回転もよいから、鮮度のよいレバーを販売できる。店では加熱用レバーとして販売している。と畜当日の新鮮なレバーに常に接していると、と畜当日のレバーは、臭いがせず、つやがある。鮮度の劣化したものは、表面にツヤがなくなり、みずみずしさがない、これを加熱してもおいしくない。

豚レバーだろうが牛レバーだろうが、レバーの鮮度がその店の肉の新鮮さを表している。肉屋で肉を購入する際には、まずレバーの鮮度をチェックすることをお勧めしたい。ドイツでは、と畜当日の新鮮なレバーを使って、レバーソーセージ・レバーペーストをつくる。私も日本でレバーペーストをつくっているが、売れ行きは芳しくない。日本人に合うレバーの料理は、やはり炭火焼、ニラレバー炒めなどであるようだ。

ブロック肉なら安くなる
—新聞の市況欄から肉の値段を読む

豚肉を買う—仕入れ係数による価格の算出

半丸枝肉と部分肉

私たちが食べている豚肉は養豚家によって飼育されてい

こらむ

ブロック肉で販売するのがドイツの肉屋さん

豚舎で品定めもこなすマイスター

ハム・ソーセージの本場・ドイツにはどんな小さな田舎でも肉屋さんがある。ドイツの肉屋さんは、自分の店の作業室でハム・ソーセージを製造し、自分の店で販売している。

私がドイツ修行中にお世話になった肉屋さんでは、経営者のマイスターが、契約している豚生産者（養豚家）へ自ら足を運ぶ。彼は豚舎に入り、目視で判断して、気に入った豚を指定し、自分の店に搬送して、獣医さん立会いの下で、と畜・骨抜き・整形を行なう。と畜から製品・販売まで一貫して自ら行ない、まさに安心・安全を消費者に届けている。ドイツのマイスターとは、と畜技術も習得している人なのである。と畜の設備がない店では、食肉公設市場から枝肉で仕入れ、店で骨抜き・整形・加工と作業を進める。原料肉の仕入れ方法は異なっても、店では生肉ブロック、注文に応じてスライスして販売するハム・ソーセージ、サラダなどをケースに陳列し、そのほとんどを量り売りする。もちろん全ての製品が自家製品だ。

ドイツの肉屋の店頭

ドイツの食卓では

ドイツでの修行中、私は一般家庭にお世話になっていた。もちろん食事は家族と一緒だ。フランクフルト近郊だったその家庭の食事は、朝昼晩の三食とも同じ内容だった。食卓にはパンとスライスされたハム・ソーセージ、バターの器、サラダが少々。それに各人の前に小さな木のプレート、ナイフ、フォークが置かれる。

食べるときには、各自の前の木のプレートにパンを置く。そのパンにバターをタップリぬり、その上に好みのハム・ソーセージをのせ、ナイフとフォークで好みの大きさにカットして、口に運ぶ。手でとっては食べない。三食とも同じ内容であった。ドイツは昼食がメインだという人もいるが、実際には三食とも同じ内容。飲み物はコーヒーであった。昼食に手弁当が必要なときは、朝食と全く同じ内容で、弁当箱にパンとハム・ソーセージを入れて持っていく。

南ドイツの保養地で有名なバーデンバーデンの肉屋でも、住み込みで修行したが、そこの食事内容も同じであった。肉屋で販売される商品の中心はスライスされたハム・ソーセージだが、その理由は、この食事の内容にあった。ドイツ人の食事内容は本当に質素だが、カロリーは高いと素直に感じたものである。

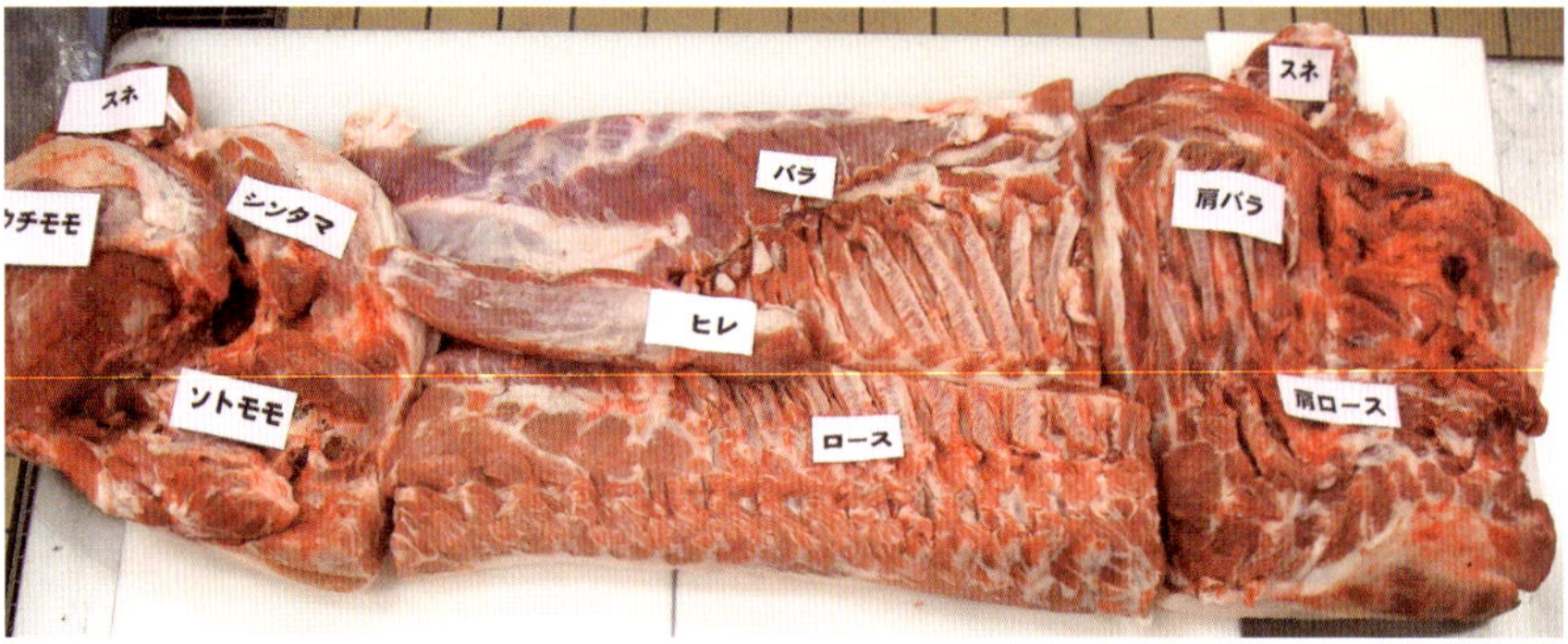

骨なし半丸肉

る。豚は生まれてから6か月間飼育されて出荷される。出荷時の豚1頭の体重は110kgである。食肉公設市場に出荷され、と畜され、内臓を除去されると70kgになる。半分割にされて競売（セリ）にかけられる。半分割された骨付き枝肉は、「半丸枝肉」と呼ばれる。

　半丸枝肉は、背骨を中心に、豚1頭を半分割したもので、肩・バラ・ロース・ヒレ・モモが含まれている。

　部分肉とは、販売者側がロースの部位だけを仕入れたい、モモの部位だけを仕入れたいという場合に、部位ごとの販売に応じるものである。

●店頭での販売価格

消費者が店で売られている商品の価格に関心が強いのは当然だ。しかし、豚肉については、店頭での質問を聞いていると、価格ではなく、脂肪が多いか少ないか、肉はやわらかいか、硬いか、という2点だけである。肉屋にとっては商売がしやすいといえばしやすい。この2点を満足させればよいからだ。

　商品を販売するには、まず商品を仕入れる。肉の場合は仕入れたものを販売できるように、さらに手を加えて整形しなければならない。整形するなかで製品にならず、廃棄する部分も出てくるから、仕入れたときよりも目減りする。どの程度の目減りが生じるのだろうか。あるいはロース肉とバラ肉の販売価格はどうして異なるのだろうか。販売する側はどのくらいの粗利益を設定して小売価格を設定するのだろうか。このような事柄について、ある程度知っていて損はないと思う。

　それらを知るための入り口としては、まず仕入れ価格を知ることだ。仕入れ価格は肉関係者のためだけではない。一般消費者のためにあるようなものだ。と畜場（食肉公設市場）の休みの日以外、競売（セリ）の結果は毎日、新聞に掲載される。新聞の市況欄に載っている価格の見方さえ理解できれば、これからの肉の買い物も楽しくなる。

●新聞相場の読み方

さて、そのセリの価格は一般紙・業界紙・日本経済新聞の市況欄＝卸売り相場の欄に表1の内容で掲載されている。

この市況欄に従って、内容の見方を説明する。全国と畜概算頭数56、900頭というのは前日、全国でと畜された豚の頭数のことである。上・中・並・等外というのは、豚肉の品質のレベルを一定以上にするための規格で、必ずしも消費者が望むおいしさの指標ではないことに注意が必要だ。「東京＝もちあい」とあるのは、前日に続いて本日も同じ価格の流れであるということ。安値・高値というのは、そのランクで取引されたクラスでの安い価格と高い価格を表わす。「枝肉価格」というのは、骨付き1kgあたりの価格である。「加重（加重平均）」というのは、取引された価格の平均値である。食肉関係者は上クラスの「加重」の価格に注目する。その理由は、取引の基本になるのが、この上クラスの「加重」の価格だからだ。一般紙に掲載されているのは、この骨付き価格のセリの結果のみである。一般消費者が購入するときには、「骨なし価格」を知りたい。その「骨なし価格」は日本経済新聞・

表１　豚枝肉の相場

＜全国と畜概算頭数 56,900 頭＞

	安値	高値	加重	頭数
東京＝もちあい				上場 742 頭
上	626	687	670	215
中	594	702	655	269
並	572	676	635	120
等外	254	613	470	138

＊2014年6月2日　日本経済新聞より

表２　部分肉

日本食肉流通センター

（生鮮＝１　相手先渡し、現金、８ミリ整形物、数量トン）

	安値	高値	加重	数量
肩ロース	1080	1373	1242	43.5
ウ　デ	707	842	778	58.1
ロース	1080	1382	1280	68.8
バ　ラ	1037	1296	1183	71.2
モ　モ	756	918	821	91.2
ヒ　レ	1242	1620	1480	10.4
セット	918	998	945	332.7

＊2014年6月2日　日本経済新聞より

表3　骨なし価格の算出（1kg あたり）

部分肉	枝肉加重価格		仕入れ係数		骨なし価格（円）
肩ロース	670	×	1.6	＝	1072
ウ　デ	670	×	1.1	＝	737
ロース	670	×	2.5	＝	1675
バ　ラ	670	×	1.6	＝	1072
モ　モ	670	×	1.1	＝	737
ヒ　レ	670	×	3.1	＝	2077
セット	670	×	1.45	＝	971

表4　豚肉の重量（1 頭当たり、単位 kg）

豚 1 頭	生体重	110
	枝肉状態	70
	骨なし状態	55.4
部位別重量		
	肩ロース	6
	ウ　デ	11
	ロース	9.5
	バ　ラ	9.5
	モ　モ	18
	ヒ　レ	1.4

日本農業新聞の市況欄の「豚部分肉」という項目に表2のように掲載されている。

●仕入れ係数

表1は、骨の付いた枝肉状態の価格である。表2は骨を除去した状態の価格である。表1から表2の価格はどのように算出されるのか。

じつはその計算の仕方には「係数」なるものが存在する。ヒントは表2の中にある日本食肉流通センター（生鮮＝1、相手先渡し、現金、8ミリ整形物）という記述にある。（　）の中の表記が意味するところは次のようになる。8ミリ整形物とは、肉についている豚脂肪の厚さは8㎜ということ。相手先渡しとは肉問屋がお得意先に届けることを意味する。現金とは豚肉の納品時に現金払いが条件であることを意味する。食肉公設市場では枝肉状態の肉を、セリで購入した業者（肉問屋）が、除骨をし、ダンボールに詰めたり、包装紙に包んだりして、注文先に搬送する。これらの作業にかかる経費を「係数」として表わす。

この係数は仕入れる側からすると仕入れ係数と呼び、支払いが遅い仕入先はこの仕入れ係数の数字が高くなる。理由はセリで購入した肉問屋は現金で仕入れるからだ。季節によって需要と供給のバランスでも若干変動することもある。半丸状態で仕入れるときと部分肉で仕入れるときにも係数が違ってくる。

表５　豚１頭仕入れと部分肉仕入れの価格比較

1kg あたり		×	部位別重量	=	仕入れ価格
豚骨なし１頭	971	×	55.4kg	=	53,793 円

部分肉

肩ロース	1072	×	6	=	6,432
ウ　デ	737	×	11	=	8,107
ロース	1675	×	9.5	=	15,912
バ　ラ	1072	×	9.5	=	10,184
モ　モ	737	×	18	=	13,266
ヒ　レ	2077	×	1.4	=	2,907
部位別合計			55.4kg	=	56,808

部位別（１頭）合計（56,808）－骨なし１頭（53,793）＝3,015 円

表６　整形後の仕入れ価格（1kg あたり）

部分肉	部位別仕入れ価格	÷	歩留り	=	整形後の価格（円）
肩ロース	1072	÷	0.9	=	1191
ウ　デ	737	÷	0.9	=	818
ロース	1675	÷	0.9	=	1861
バ　ラ	1072	÷	0.9	=	1191
モ　モ	737	÷	0.9	=	818
ヒ　レ	2077	÷	0.9	=	2307
セット	971	÷	0.9	=	1078

●仕入れ係数による骨なし価格の算出

表１から表２への計算は、全てこの係数が基礎になっている。この係数は、一般的には知られていない数字なので、係

数の存在すら知らない関係者がいるのも事実である。表２の相場だけを参考にしている人は存在を知らないかもしれない。

表１から表２への計算は全てこの係数をもとに計算されている。部位ごとに係数は需要と供給のバランスで季節ごとに変動する。１９８０年代は、バラ肉が売れなくて在庫を抱え、肉問屋は非常に困った時代だった。近年はバラ肉が不足状態で、仕入れ係数も高くなっている。バラ肉のおいしさ、特に脂肪のおいしさが認識されたと同時に、料理のレパートリーも広がったことも一因であろうか。肉問屋では、バラ肉の注文に応じきれないのが現状である。

参考までにある店の仕入れ係数を示すと、セット１・45、肩ロース１・６、ウデ１・１、ロース２・５、バラ１・６、モモ１・１、ヒレ３・１である。

この係数を基にして表１の枝肉価格から表３の骨なし価格が算出される。この表３の内容が新聞に掲載される部分

肉価格である。表の見方を説明する。

表1で枝肉価格1kgあたりの価格670円が、骨なし価格の半丸か1頭当たる状態で仕入れると1kgあたり971円になるということである。

ロース肉だけを仕入れるとすると、1kgあたり1675円になる。先にも述べたが、豚は6～7か月間飼育される。出荷時の生体重は110kgである。と畜された後の体重変化は表4となる。

表3の骨なし単価に表4の重量を乗ずると、豚肉の1頭を部位別で仕入れたときの総金額が算出される。

骨なし豚1頭を仕入れるのと、部分肉で仕入れるのとは、どちらが割安かというのは表5の計算ではっきりする。骨なし豚肉で1頭を仕入れると合計3015円割安である。もし5頭仕入れるとすると3015×5頭＝1万5075円となる。部分肉より半丸セットあるいは1頭単位で仕入れたほうが割安である。仕入れ頭数が多いほど割安感が数字に表われてくる。

仕入れた豚肉は脂肪や軟骨が付いている。食べる人が納得できる程度に余分な脂肪を取り除く。こうして残った原料肉の枝肉に対する割合を整形歩留りという。その歩留り

小売価格の算出

①小売価格の計算式：売価 ＝ 原価 ÷（1－ 値入率）　＊値入率とは予定した粗利益率を指す

②粗利益3割とした場合の小売価格の算出

売価 ＝ 整形後の仕入れ価格÷（1 －値入率）＝ 1861 ÷（1 － 0.3）＝ 2658 円

表７　豚枝肉価格から売価決定までの流れ（価格は1kg あたり）

部分肉名	枝肉価格	×	仕入れ係数	＝	部分肉知れ価格	÷	歩留り	＝	整形後の価格	÷	値入率	＝	売価（円）
肩ロース	670	×	1.6	＝	1072	÷	0.9	＝	1191	÷	0.7	＝	1701
ウ　デ	670	×	1.1	＝	737	÷	0.9	＝	818	÷	0.7	＝	1169
ロース	670	×	2.5	＝	1675	÷	0.9	＝	1861	÷	0.7	＝	2658
バ　ラ	670	×	1.6	＝	1072	÷	0.9	＝	1191	÷	0.7	＝	1701
モ　モ	670	×	1.1	＝	737	÷	0.9	＝	818	÷	0.7	＝	1169
ヒ　レ	670	×	3.1	＝	2077	÷	0.9	＝	2307	÷	0.7	＝	3296

（可食分）は90％で10％は廃棄されることになる。この歩留りの数字をもとに整形後の仕入れ価格を算出すると表6になる。

小売価格は表6の整形後の価格を基準に設定される。例えば、ロース肉の整形後の価格は1kgあたり1861円である。

ロース肉を販売するときに3割の利益を出したいと考えたら、右の計算式によって算出された価格1kgあたり2658円で販売することになる。

気候、売れ筋、在庫状態によって、特売（セール）を組んだりするが、右の売価の計算式が基本となる。以上が豚肉の食肉公設市場から店のショーケースに陳列されるまでの価格の流れである。その流れに沿って売価までの流れを表7にまとめた。

肉の選び方―ブロック肉での購入がおすすめ

近所のスーパーの精肉コーナーで肉を買おうとして見渡すと、種類豊富な陳列で欲しいものを選ぶのに苦労はしない。鮮度もよいので安心して買い物ができる。種類が豊富なのはよいのだが、われわれのように手づくりでハムをつくっている者にとっては、もの足りない。その理由は、われわれが望んでいるブロック肉（塊肉）が少な過ぎるからだ。ブロック肉が売れないのは分かる。日本はスライス肉が料理の主流だ。欧米ではスライス肉はほとんど販売されていない。ブロック肉が主流である。肉をスライスする機械は日本がナンバーワンで、ハムをスライスする機械はヨーロッパがナンバーワンということにも、それは表われている。

スーパーの精肉コーナーでブロック肉の注文をするより、対面販売している店を探して注文したほうがよい。最近は対面販売を見直しているスーパーが多くなってきた。読者のみなさんの近所に、もしかしたらあるかもしれない。店で注文するときには、ベーコンをつくるなら「ベーコンをつくるためにブロック肉がほしい」とはっきり言ってみること。もし店に豚バラ肉1枚が在庫であるときは、その1枚の豚バラ肉を見せてくれるかもしれない。そのときには、希望する部位を伝えればよい。対応が親切であったら、次回からその店に依頼する。焼き豚をつくるときにも、好みのモモブロック肉を依頼すればよい。一般的にはブロック肉はトレーにパックされて陳列され、対面販売のときはショーケース内のバットに一列に並べられている。気に入ったものがないときは店に注文したほうがよい。モモ肉は、部位の種類は多い

こらむ

◉畜産農家（生産者）も肉の直売を。注目したい直売所

九州のある畜産農家の経営者は言う。「畜産農家の欠点は、自分でつくったものを自分で売らないことだ」と。どんなにすばらしい牛や豚を飼育し、出荷しても、それだけでは中途半端だ。自分で直売所を持て、レストランを持てと言っている。自分のところで育てた牛の肉は日本で一番おいしいのだという気構えで飼育し、出荷している知人の肥育牛農家がいる。彼は、おいしい肉を直接消費者に売りたいと、直売所も開設している。関東には、常陸牛だけを売る㈱橋本畜産や軟脂豚肉を扱う日本農業実践学園の直売所がある。ここでは栃木県の前田牧場を紹介したい。

「乳牛去勢赤身肉」を販売する㈱前田牧場

1970（昭和45）年に栃木県大田原市で、牛1頭からスタートし、現在ホルスタインの去勢牛2500頭を飼育しているのが前田牧場さん。頭数は増えても飼育出荷のみであった。しかし現在の専務が消費者に、赤身肉のおいしさを直接伝えたい一心で、2002（平成14）年に精肉専門の直売所を開設した。直売所は飼育牛舎から車で5分ほどの距離で、大田原市の郊外に位置する。直売所開設1か月後には赤身肉を使った料理も提供したいと、直売所に隣接して「ファーマーズカフェ」をつくった。

2013（平成25）年3月に店をリニューアルするにあたって、内装をフランスのアンティークでまとめ上げた。素敵な雰囲気だ。カフェでは、自社の畑で生産された米・野菜を利用する。カフェで使う素材の99％は自社生産品である。牛赤身肉販売コーナーでは熟練の肉専門の職人さんがスライスしたり、ブロック肉を小割したり、牛肉利用の惣菜をつくったりしている。牛赤身肉の串刺しも販売している。窓越しに作業場内全てを見渡せる。その場で注文もできる。この牛赤身肉は売れ行き好調と聞いている。お中元、お歳暮時期には予約注文で忙しいという。牛赤肉中心

ファーマーズカフェの店内。
フランスアンティークのレイアウト

のハンバーグ、カレーなどのインターネット販売もする。

前田牧場さんによると、「赤身肉はミネラルをバランスよく含み、特に鉄分が豊富だ。鉄分はタンパク質と一緒に摂ると吸収率が高くなる。また牛肉は9種類のアミノ酸（必須アミノ酸）を多く含んだ良質のタンパク質源といわれている。良質のタンパク質の摂取は、血管を丈夫にし、しなやかにするので動脈硬化の予防や体に抵抗力をつけ、元気な体をつくるモトになる」という。

前田牧場さんは、牛赤身肉をさらにおいしくするためにドライエージング※施設を2014年9月に完成させた。おいしい牛赤身肉をさらにドライエージング（熟成）させるのだからおいしさが増すのは明白である。カフェのメニューにも、牛赤身肉を使った料理が多い。自社生産の牛赤身肉の売り込みを人任せにしないで、自らが直売所・カフェまでつくりあげる企業家精神には脱帽だ。

前田牧場　ミートショップ入口

●問合せ先
前田牧場
〒324-0017
栃木県大田原市奥沢111
TEL／0287-22-5617
FAX／0287-24-2463

※ドライエージング（Dry Aging）
温度は1～4℃、湿度が60～80%に調節された室内で、扇風機を回し、空気を循環させ1か月以上かけて、ゆっくりと肉の余分な水分を蒸発させ、熟成させる。熟成させるうちに、肉自体の酵素で肉質がやわらかくなる。さらにタンパク質が分解されてアミノ酸に変わり甘みが増す。このドライエージングは牛赤身肉が主流の欧米で、赤身肉をおいしく、やわらかくする方法として考案され発展した。（日本ドライエージング協会談）

からこの本をよく読んでから、お出かけになることお勧めしたい。

私のハムつくり同好会のメンバーは、10年も前からの塊を見ているので鮮度の見分け方、どの部位が適ているかを理解しつつある。やはり肉を見る回数がければ多いほど、その良しあしを見分ける眼力が増初心者はできるだけ肉に接する機会を多く持つこと願う。

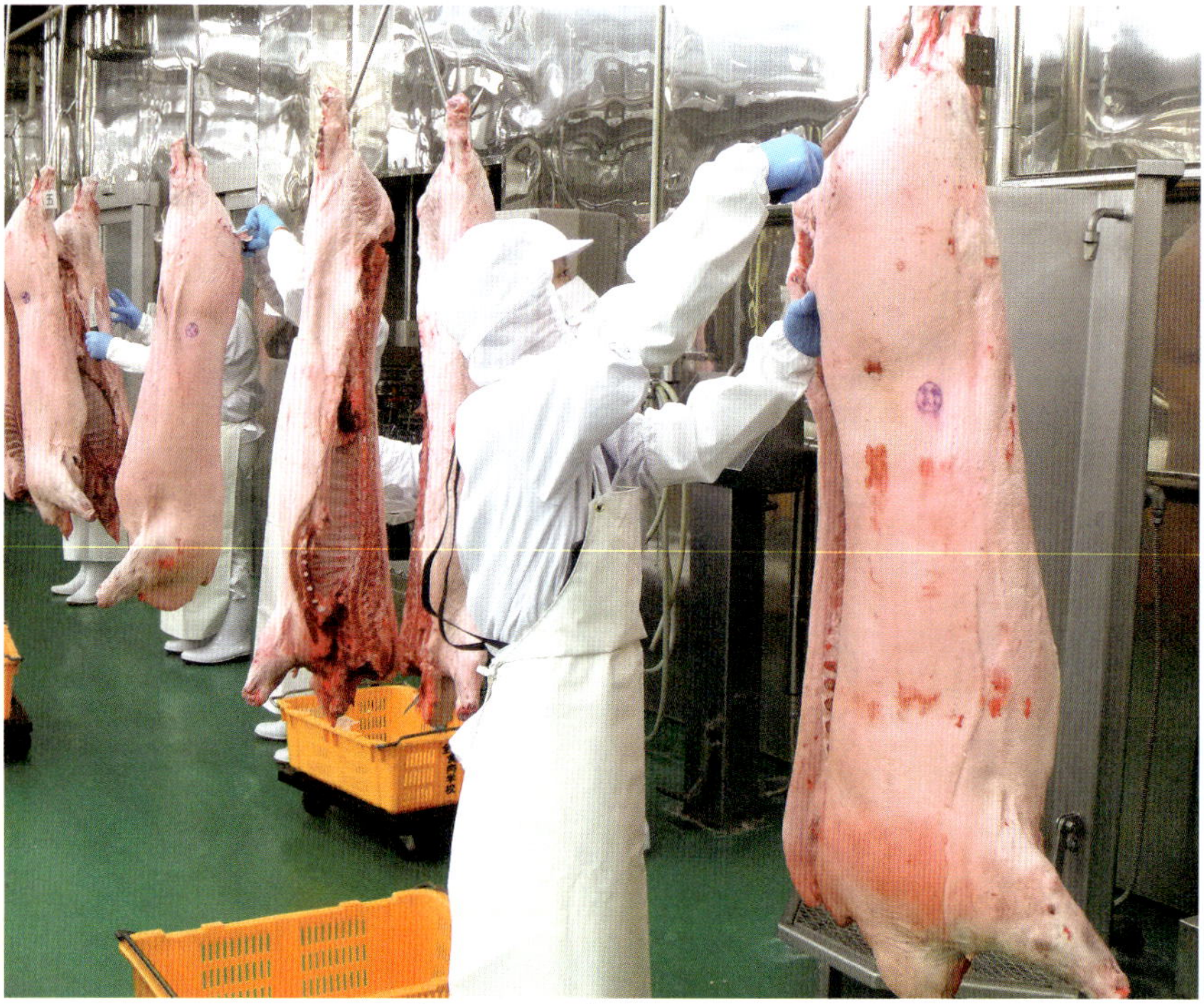
半丸枝肉の仕上げ（写真：小原 和仁）

4章

うまさを深めるブロック肉の切り分け　脂身のはずし方

部位の分け方とその利用方法

骨なし半丸肉からの整形工程

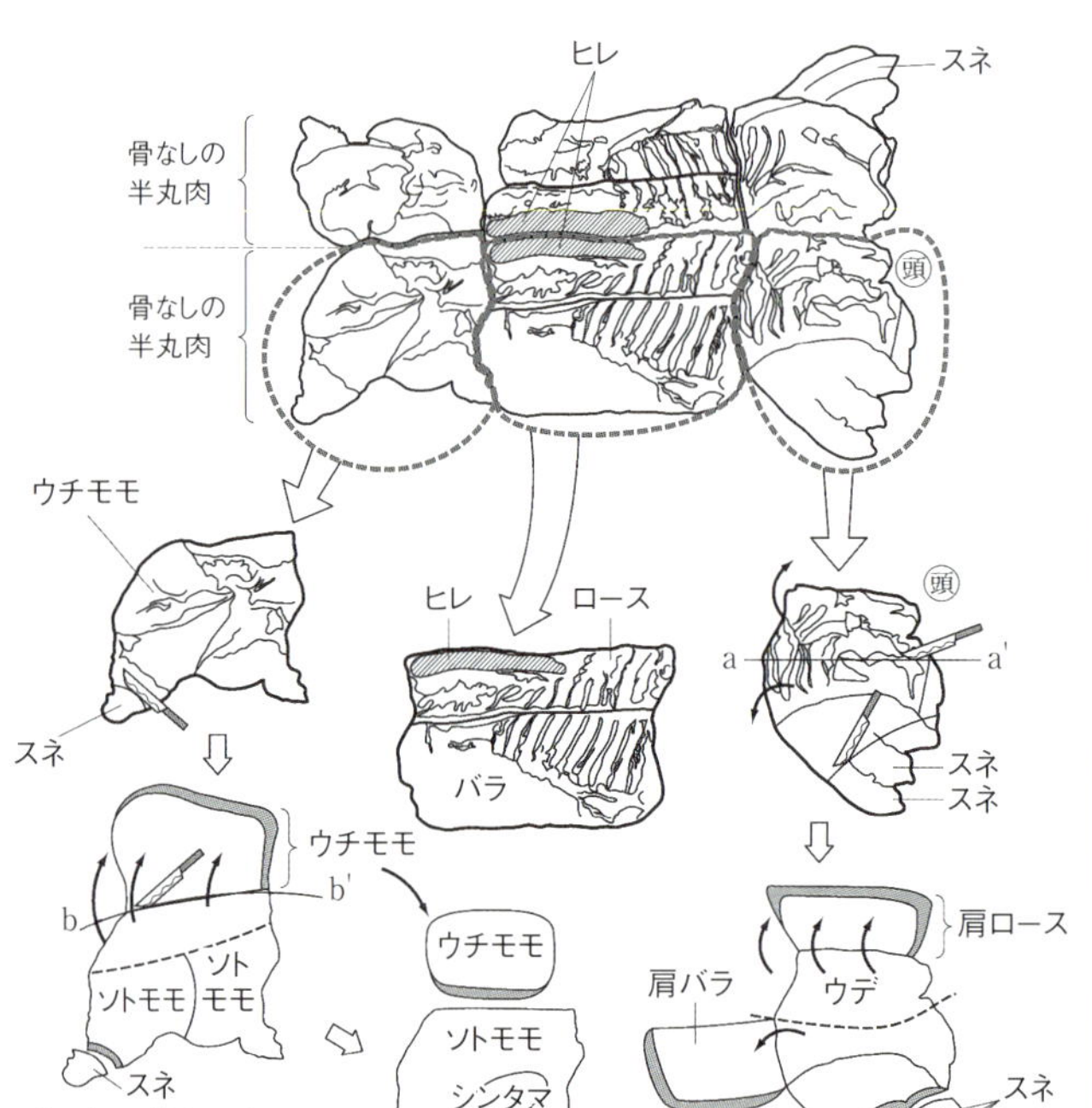

bb' で切り離す。ウチモモはソトモモの上にのっているだけでbb'の部分でくっついている

ウチモモがのっていた反対側にシンタマがある

aa' で切り離すと肩ロースと肩バラが離れる。下にあるのがウデである

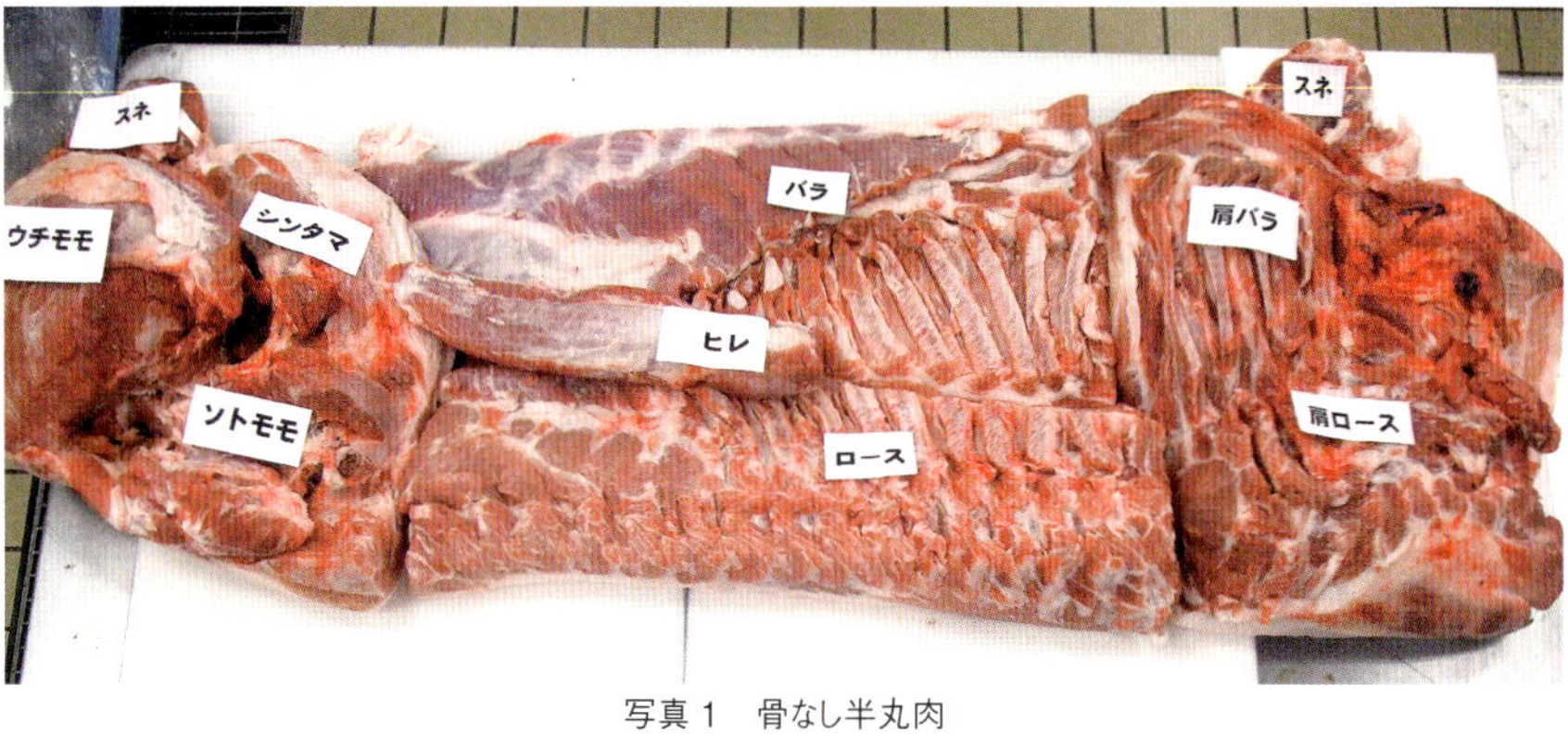

写真1　骨なし半丸肉

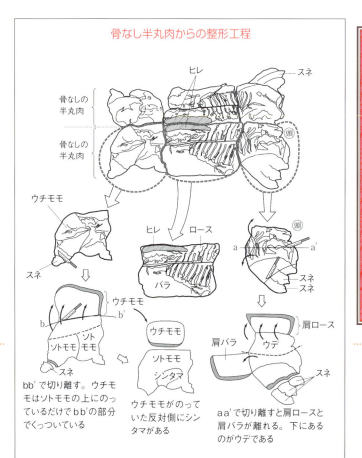

●「半丸肉」で買い、自ら精肉に

ハム・ソーセージをつくるときは、初めに豚肉を仕入れる。その豚肉にはハム・ソーセージなどに加工するにあたって必要のない脂肪、スジ・軟骨が付いている。写真1は、豚1頭を半分割して骨を除いた状態のもので、いわゆる「骨なし半丸肉」とよばれるもの。この半丸肉から必要のない部分を取り除く作業を整形と呼んでいる（図参照）。

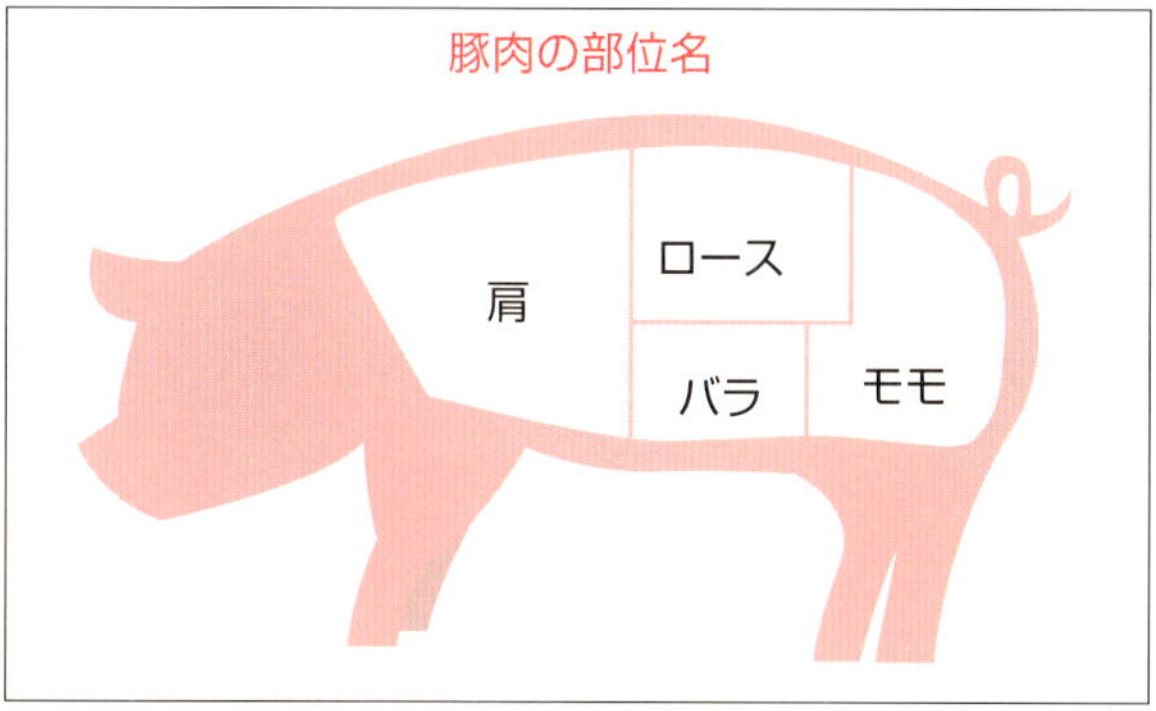

ただ、自らハム・ソーセージ工房を開設するという人はいうまでもなく、骨なし半丸肉で仕入れることをおすすめしたい。趣味でベーコン・ハムなどをつくりたいという人にも、できれば仲間を募って骨なし半丸肉で買ってほしい。前の章で述べたように、骨なし半丸肉で仕入れることによって、市場の価格をみながら、仕入れ値を安くできるというだけでなく、自ら整形作業を行なって精肉にすることで、ハム・ソーセージの味わいにも影響してくるからである。

写真２　豚一頭分の廃棄脂肪

豚肉は脂身（脂肪分）が美味である。この脂身（脂肪分）をどのくらい残すかによって、ハム・ソーセージなどの加工品の味はきまるといってもよいくらいだ。最近の傾向としては、脂肪が少ないほうが喜ばれるようである。脂身の残し方は、言葉だけでは伝えにくいが、半丸枝肉1頭分（約70kg）を整形した後の廃棄脂肪の量で見れば、私の場合は3〜4kgくらい、半丸枝肉1頭分のおよそ5%くらいである。

●骨なし半丸肉を買って部位ごとに試食してみた

◆食べてみてわかる部位ごとに違う味と食感

冒頭でも述べたが、われわれの同好会は毎月1回第三日曜日に公民館に集まって、ハムつくりを行なう。会員は往々にして豚肉の各部位の特徴を忘れがちになる。豚肉の全体像を忘れてしまうので、ときどき豚肉の骨なし半丸肉を仕入れて勉強している。

豚半丸肉を部位肉に分割し、整形する。仲間に各部位の肉の赤身肉の塊を指でついてもらう。指でついて硬い部分は、食べたときにも硬い。肉は見て、触って（指でついて）、食べて、初めておいしいかどうかが分かるようになる。

豚肉は味が淡白で、どの部位でも味、食感が同じと考えている消費者がいる。しかし各部位肉で味、食感が異なる。

【バラ肉】

分割した各部位ごとにナイフでスライスしてフライパンで焼いて試食を行なう。味付けは塩のみだ。食通の集まりだから、料理はお手のもの。焼いて食べておいしいねという部分は、バラ肉だ。見た感じは豚脂肪が気になるようだが、食べると一様に「おいしいね」と言う。見ためと食べてみた味とは「こんなに違うの」と言う。わが家で、料理に使う肉はバラ肉だけだ。とにかくおいしい。

肩肉の薄切りを焼いて食べると「歯ごたえがあって、おいしいね」と言う。肩肉は運動する部位なので、結着性と保水性に優れている。炒め物用に最適だ。この肩肉について、私は会員に、「肩肉は硬肉（かたにく、硬い肉）ではない」と、うるさく言っている。

【モモ肉】

モモ肉とロース肉も焼いて食べる。モモ肉はシンタマ・ウチモモ・ソトモモの三部位から成り立っている。仲間が一様においしいねという部位は、ソトモモの「ランイチ」の部分だ。牛でいうと「ランプステーキ」に使われる部位だ。モモ肉はおいしくないというイメージが強いが、この部位だけは別格だ。ロース肉よりおいしい。食通がおいしいというのだから間違いはない。

他のモモ肉の部位は試食すると、食感は「もそもそ」する。本当においしくないねという感じだ。しかしハムにしたり、焼き豚にしたりすると「もそもそ感」がなくなり美味に変わる。不思議な部位だ。

【ロース肉】

ロース肉も焼いて食べると「もそもそ感」がする。しかしハムにすると美味になる。だから仲間がハムつくりにはまってしまうのだろうか。

ときどき骨なし半丸肉を仕入れて分割し、整形し、各部位を塩味だけで、フライパンで焼いて食べると、瞬時にして各部位肉の味と食感を感じることができる。こうしたことができるのも、同好会ならではのよさかもしれない。

●市場の取引条件では脂身は8㎜

豚肉の塊肉を1頭分、骨なしで購入しようが、部分肉の塊で購入しようが、肉の塊についている脂肪の厚さは、新聞市況欄の取引条件で8㎜と規定されている。8㎜以上脂肪が付いていることはない。使うわれわれがその脂肪の厚さをどのように感じるか。厚いと感じるなら除去すればよいし、厚いと感じなければ、そのまま使えばよい。

それでは、脂身のはずし方を含めてブロック肉の分割の仕方・整形の概略について、写真に即して話を進めよう。

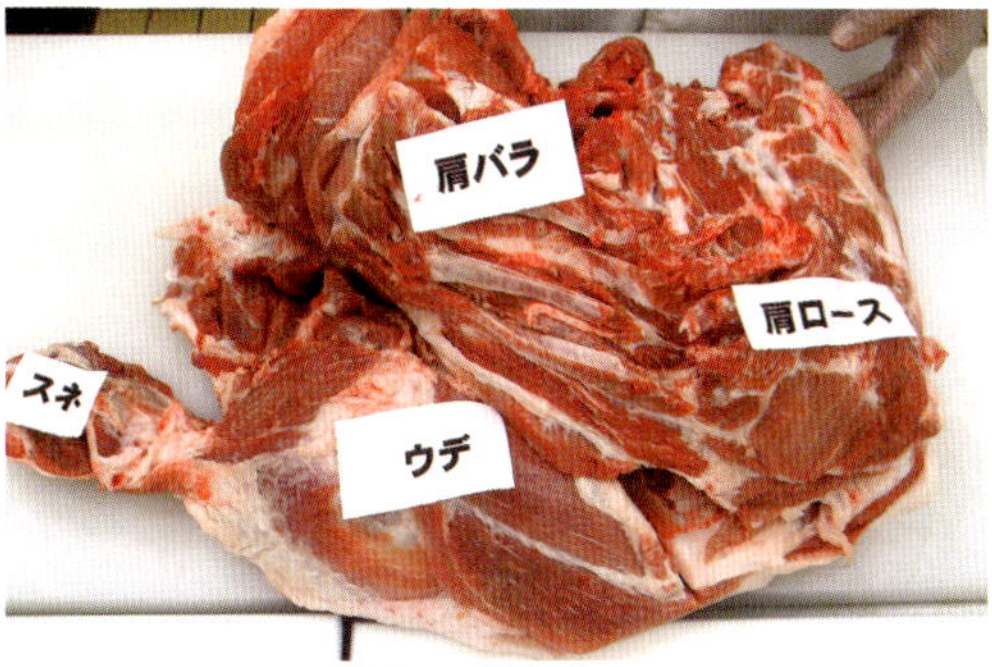

写真３　肩肉ブロック

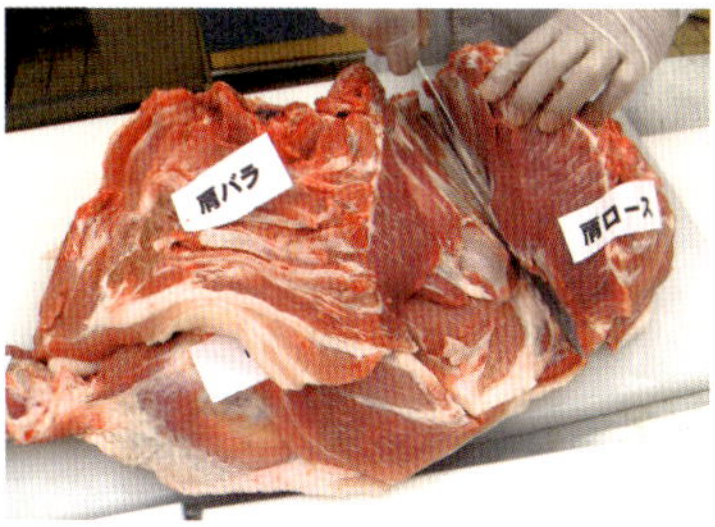

写真４　肩ロース塊を外す

●肩肉ブロック

写真3の塊肉は豚の右側の肩肉。写真の塊で8〜9kgはある。1頭では18〜19kgの重量になる部位である。

肩肉は写真にあるように肩ロース、肩バラ、ウデ、スネから成り立っている。肩肉の部位は、よく運動をするのでグリコーゲン含量が高く、乳酸の発生量が多い。そのような部位は結着性、保水性がよいので挽肉向きであり、ソーセージの原材料に向いている。また料理では炒め物に向く。

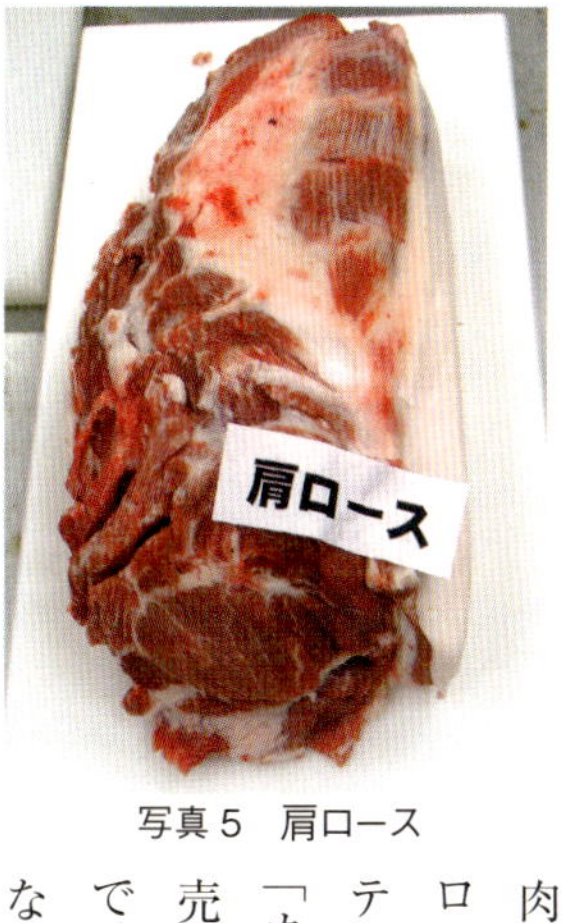

写真５　肩ロース

分割の仕方は、最初に肩ロース塊を外す（写真4）。肩ロース（写真5）の右側の脂肪は取り除く。この肩ロース肉は精肉では「肩ロース切り身（ソテー）」、あるいは「カレー用」で販売される。加工用では塩漬け、燻煙などを行ないショ

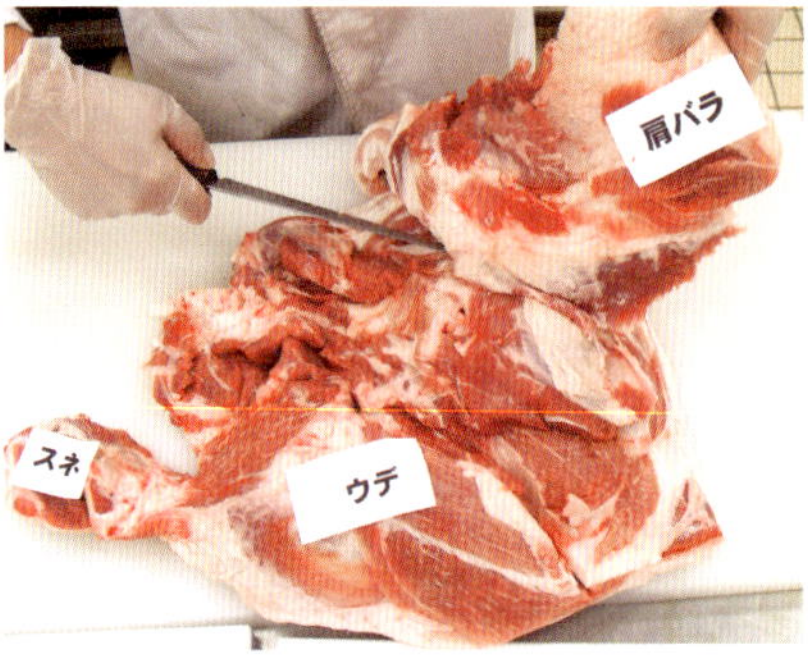

写真６　肩バラを外す

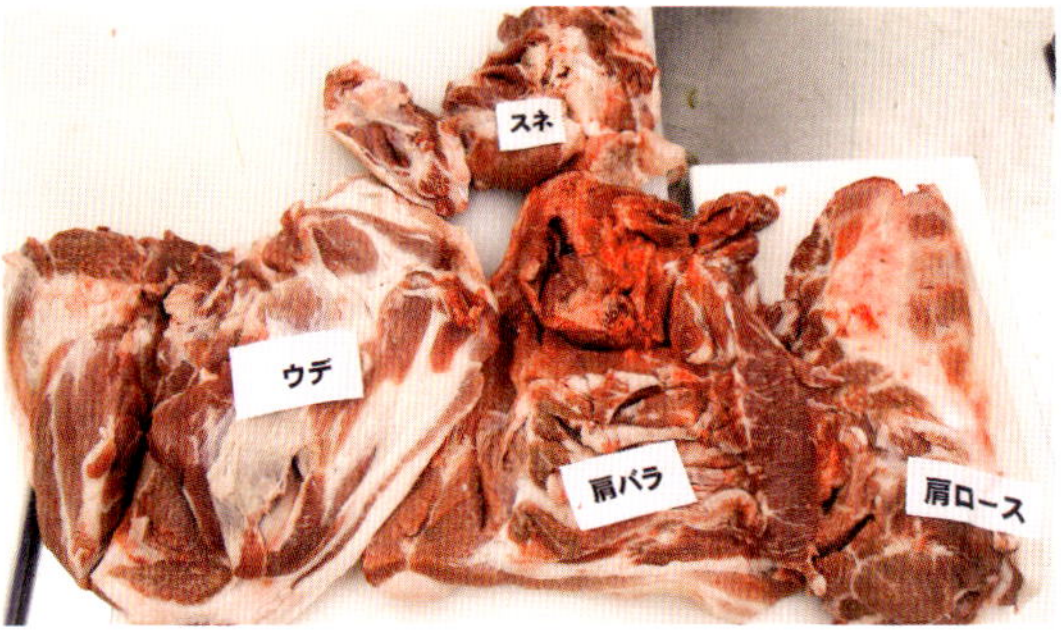

写真７　肩肉。整形前

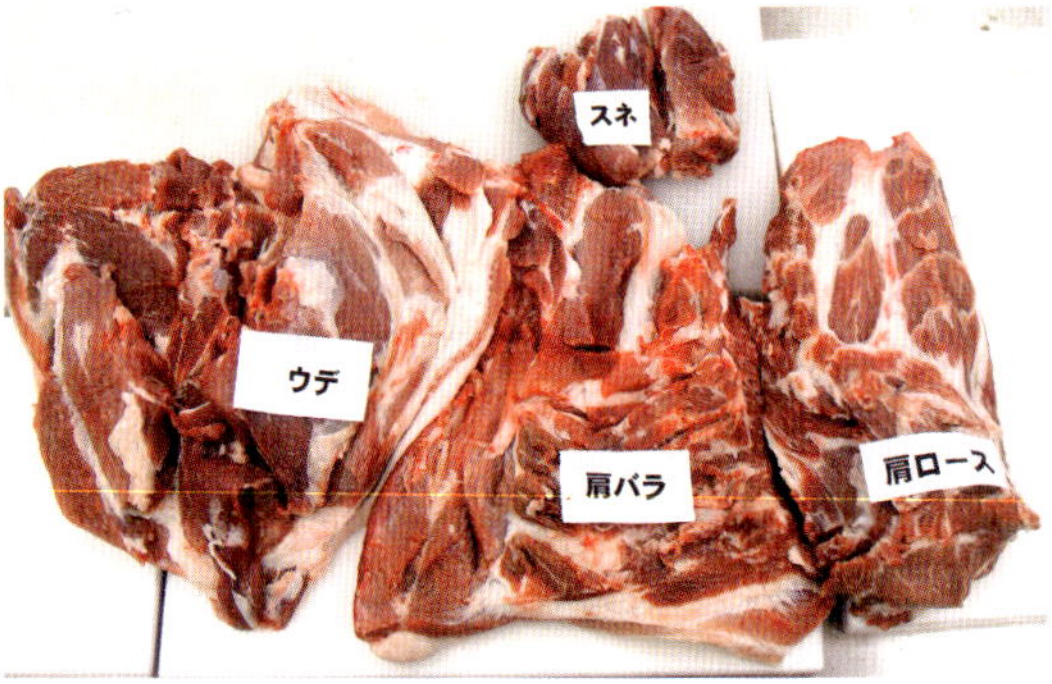

写真８　肩肉。整形後

ルダーロースハムになる。

肩バラ肉（写真6）は、「こま切れ」として炒め物向きに販売される。加工では、挽肉の材料に使う。肩バラ肉は脂肪の付着が少ないので、このままの状態で使える。肩肉ブロックでの脂肪の外し具合は、写真7と8を比べて見れば理解いただけると思う。

ウデ肉（写真8）は、裏側に脂肪が付いている。付いているとはいっても、その厚さは8㎜を超えない。精肉で使うときは、脂肪を少々除去してスライスし、炒め物用の「こま切れ」という名称で販売する。ウデ肉は筋肉が細かく張り巡らされているので、筋肉内部にはスジが多い。このスジは取り除く。ただし、スジをきれいに取り除くには熟練した技術が必要となる。ここでは初心者にもスジを除去できる、簡単で分かりやすい技術を伝授したい。肉についているスジの端を指でつまむことができる長さに、ナイフで肉から剥がす。剥がし方は、肉についているスジの下にナイフをいれ、自分の体の反対側に滑らせる。滑らせるとスジと肉が離れる。剥がされたスジを指でつまみ、ナイフは肉に密着させ、スジは45度につまみ上げて（慣れればつまみあげないでできるから、スジと肉が平行のままに）、ナイフを滑らせる。そ

表１　肩肉の加工品と精肉店店頭での表示

部位名	加工用途	精肉店での表示
肩ロース	ショルダーロースハム	肩ロースソテー用 カレー用
肩バラ	ソーセージ	挽肉　こま切れ
ウデ	ショルダーベーコン	挽肉　こま切れ
	ソーセージ	

のような作業をすることで、肉の表面に傷をつけず、スジには肉を付着させることなく、スジを取り除くことができる。こうすることで、スジと肉がきれいに離れる。この作業は、回数を重ねるごとに誰もが上手になる。

スジを除去しないで挽肉にしたときは口に残る。スジが残ったまま挽肉にすると、スジが光って見える。そのような状態のことをドイツでは「auge pulver粉の中に光る目」と表現し、技術の水準をはかる尺度にしている。ドイツに行く機会がある方は、じっくり味わっていただきたい。私がソーセージをつくるときは、「auge pulver」現象にならないように注意している。

スジの除去の精密度は、技術屋（職人）さんの技術の差による。20年の経験者と2年くらいの経験者では、精密度に大きな差が生じる。20年の熟練経験者は、肉質に切り傷をつけることなく、スジを取り除く。2年くらいの経験者の仕事は、除去したスジにはまだ肉が付いているし、塊肉は傷だらけになっている。ただ仕事をこなしたという感じだ。

加工に使うときは挽肉にしてソーセージの材料にするか、塩漬け、燻煙などをしてショルダーベーコンにする。体験学習で挽肉に使うときは、写真3の裏側に、最大8㎜の厚さで付いている脂肪を少々取り除くほうが無難である。豚の脂肪は人間の体温で融解する。融解すると失敗につながるからである。

スネ肉は皮膜、軟骨を除去して、挽肉に利用する。

肩肉は肩ロース、肩バラ、ウデ肉から成り立ち、それぞれの利用方法を述べた。ここではそれぞれの部位肉が、精肉店で販売されたときの品名と加工に利用されたときの品名を整理して表1に示す。

●モモ肉ブロック

写真9は、骨なしモモ肉の塊で、豚の右側の部位である。重量は写真の塊で8～9kgはある。1頭なら、16～17kgの重量になる部位である。

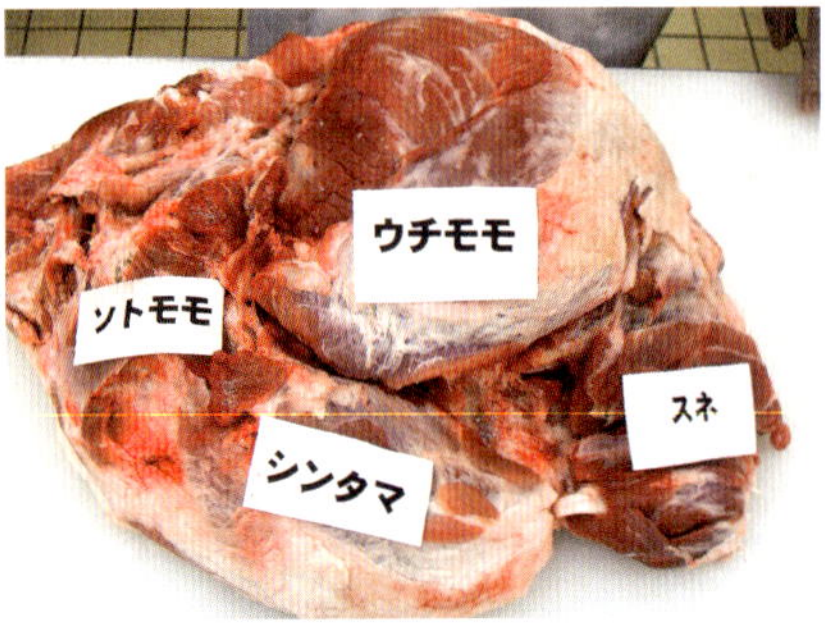

写真9　モモ肉ブロック

モモ肉はウチモモ、シンタマ、ソトモモから成り立っている。写真10にはウチモモ、シンタマが見える。このウチモモ、シンタマに白っぽく付いている脂肪は軟らかいので取り除く。モモ肉ブロックから、まずスネ肉を外す（写真10）。次にソトモモ上にかぶさるウチモモを、持ち上げるようにしながらソトモモから切り離す（写真11）。最後に写真12、13のように切ってシンタマをソトモモから切り離す。

写真15は写真9を細かく分割し、脂肪を除去した状態だ。ウチモモ、シンタマにはもともと脂肪はほとんど付いていないが、付いている脂肪は軟らかい脂肪なので、取り除く。写真15のソトモモの写真では、脂肪が付いていないように見えるが、下のほう、裏側には硬めの脂肪が付いている。この硬めの脂肪は取り除かなくてよい。モモ肉ブロックでの脂肪の外し具合は、写真14と15を比べて見れば理解いただける

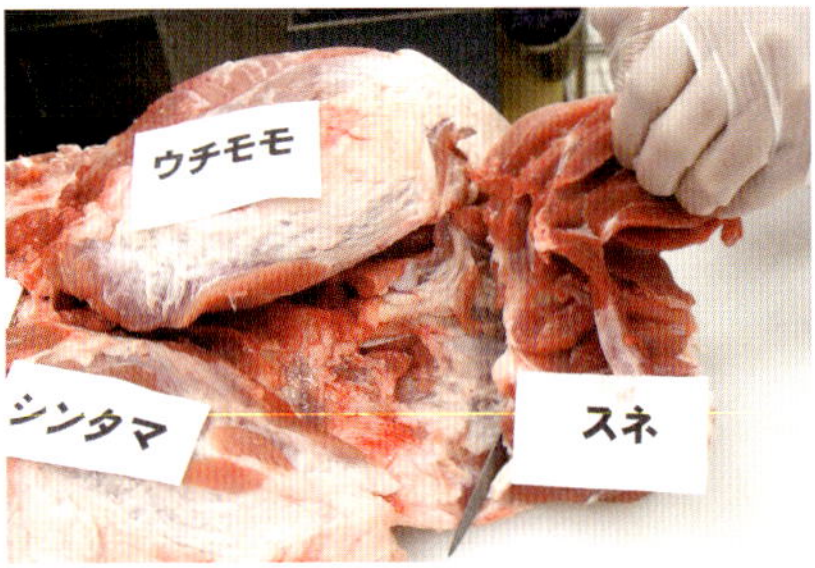

写真10　スネを外す

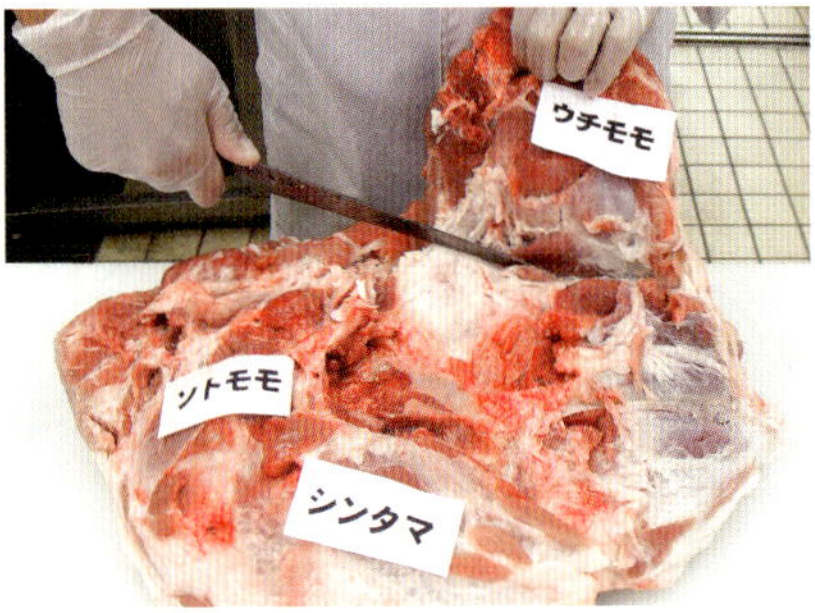

写真11　ウチモモを外す

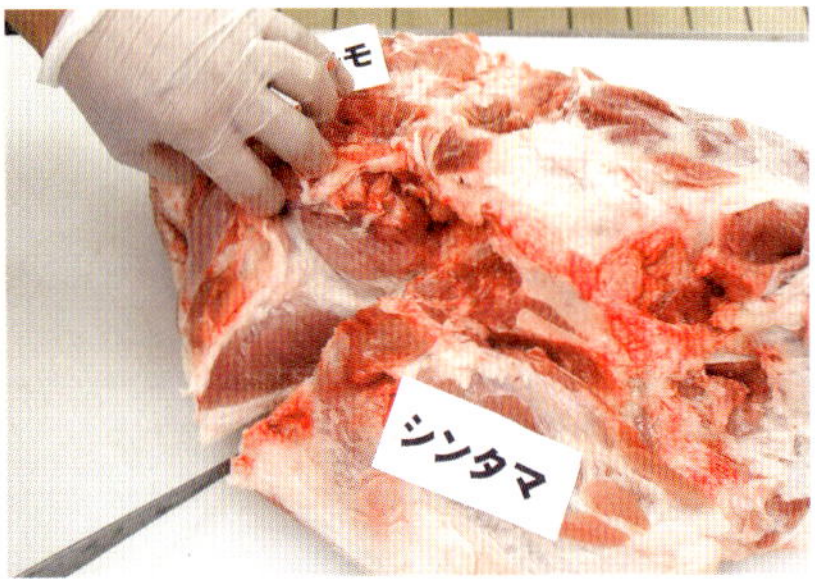

写真12　シンタマを外す

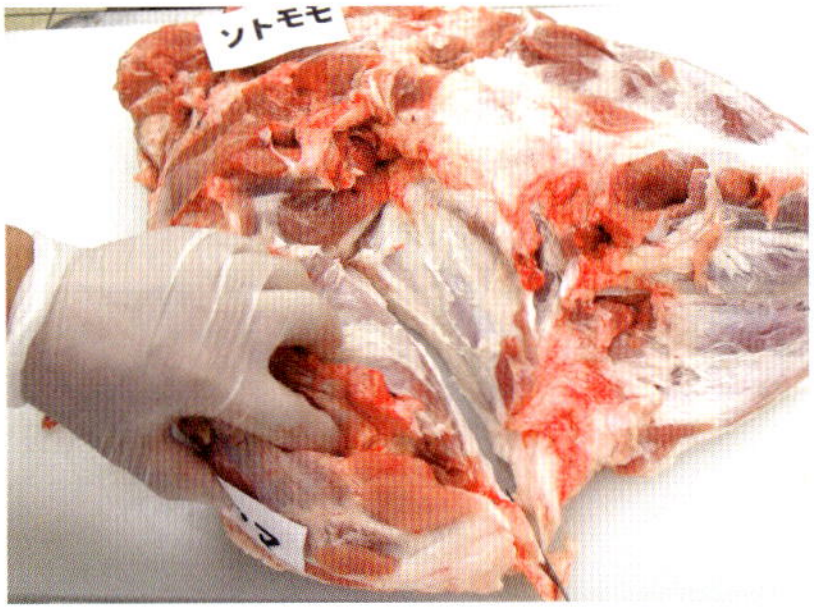

写真13　シンタマを外しソトモモだけにする

と思う。

　このソトモモは精肉ではスライスされて、モモ肉スライス、モモ肉しょうが焼き用という名称で販売されている。またウチモモはナイフでカットして、赤身一口かつ用、バター焼き用という名称で販売されている。シンタマは赤身ソテー用、赤身酢豚用の名称で販売されている。

　加工に使う場合は、写真11のウチモモを外した状態で、塩漬けし、燻煙などを行ないボンレスハムとして販売されている。私はソトモモ、ウチモモ、シンタマを、さらに小さな塊肉にして、タレに漬け込み、直火焼き豚としている。モモ肉は運動していない部分なので、結着性、保水性に乏しい。家庭で料理に使うと、食感がぼそぼそだが、焼き豚にすると、ぼそぼそ感がなくなり、美味な肉に大変身する。ボンレスハムにしてもおいしい。肉質が結着性、保水性に乏しいモモ肉は、塩漬けすること、タレに漬け込むこと、焼いたり、煮たりすることで、肉質が締まり、美味な肉加工品に大変身することになる。

　モモ肉はソトモモ、ウチモモ、シンタ

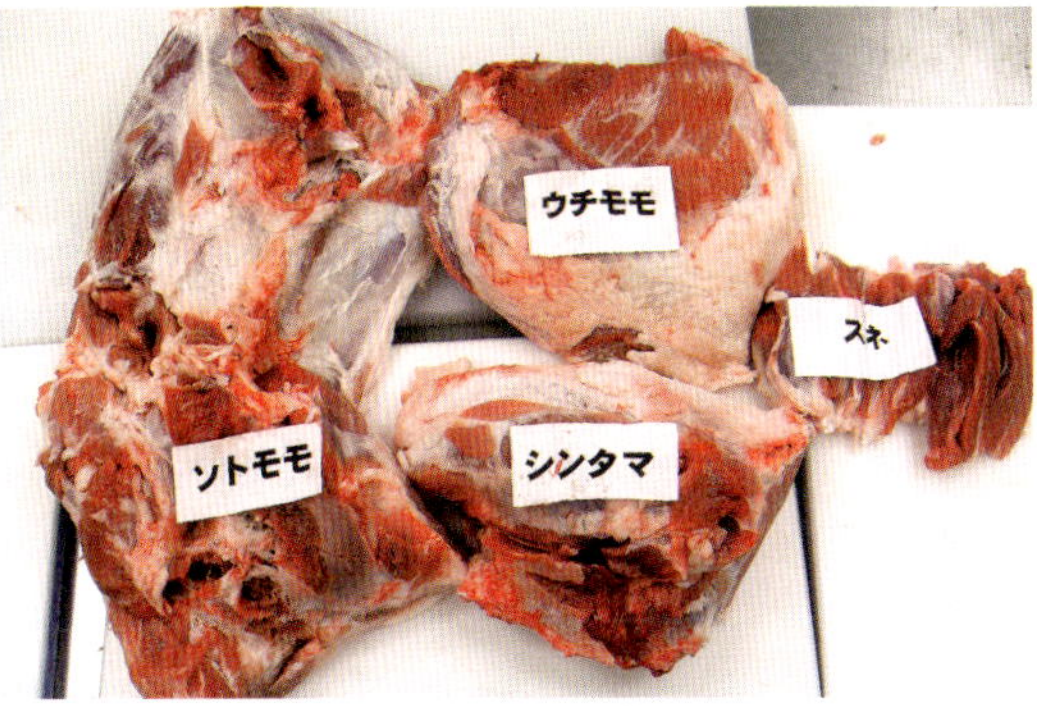

写真 14　モモ肉。整形前

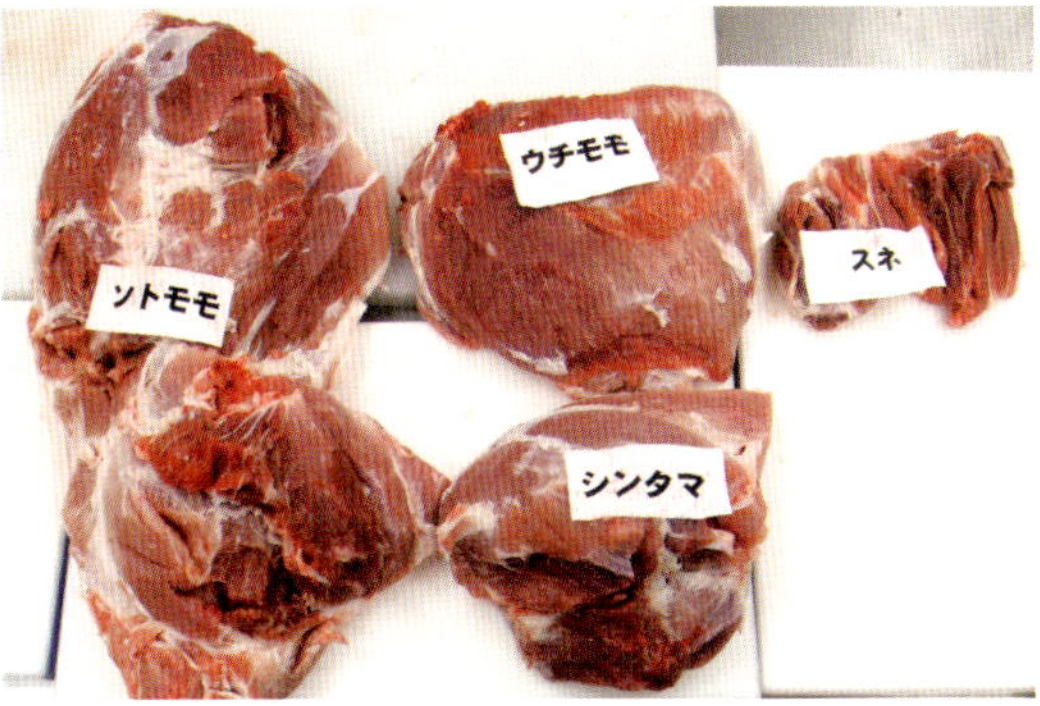

写真 15　モモ肉。整形後

表 2　モモ肉の加工品と精肉店店頭での表示

部位名	加工用途	精肉店での表示
ソトモモ	ボンレスハム、焼き豚	モモ肉スライス、モモ肉しょうが焼き用
ウチモモ	ボンレスハム	焼き豚、赤身一口かつ用、赤身バター焼き
シンタマ	ボンレスハム	焼き豚、赤身酢豚用、赤身ソテー用

マから成り立っていて、それぞれの部位肉の利用方法を述べた。ここではそれぞれの部位肉が精肉店で販売されている品名と、加工に利用されたときの品名を表2に整理する。

●ロースのブロック

写真16は豚の右側のロース肉の塊。この塊肉は半身なので4kgの重量がある。1頭分なら8～9kgになる部位である。

写真16は入荷された状態で、写真16の右側が肩ロース肉のところでカットされている。写真16の左側はソトモモのところでカットした。でこぼこの部位は肋骨の部分である。肋骨を除去したところに皮膜が残っている。それを取り除く（写真17）。ロースの脂肪の外し具合は、写真16と18を比べて見れば理解いただけると思う。

写真18の下側（裏側）には脂肪が付いている。一般的には背脂肪と呼ばれている。厚さは8㎜以下である。取り除くか除かないかは、使う側の判断だが、私は除去しない。豚の脂肪はおいしい。まして8㎜以下であるなら、味の点からも残すべきで、見た感じだけで取り除かないほうがよい。肩肉のスジの除去のところで触れたが、すなわち皮膜を取り除く作業は、20年の熟練された経験者と2年くらいの経験者では完成度において、雲泥の差がある。20年の熟練された経験者の仕事は、さすがという感じ

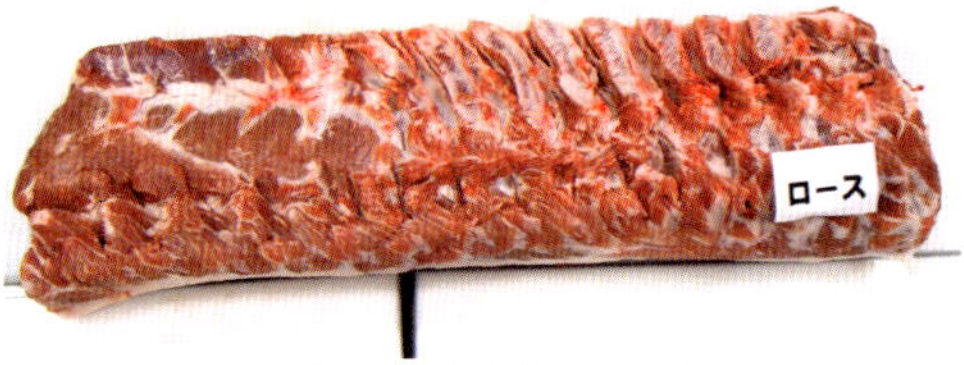

写真 16　整形前のロース肉

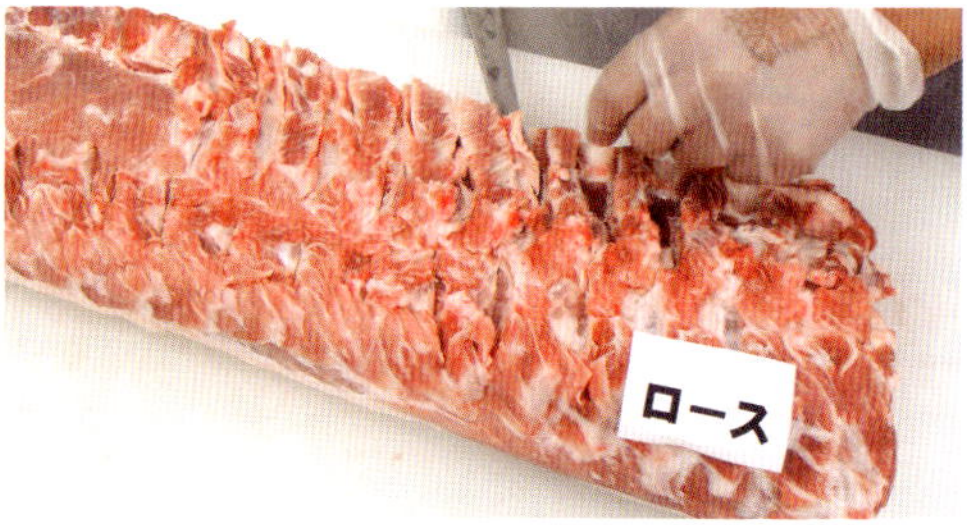

写真 17　肋骨の皮膜を取り除く

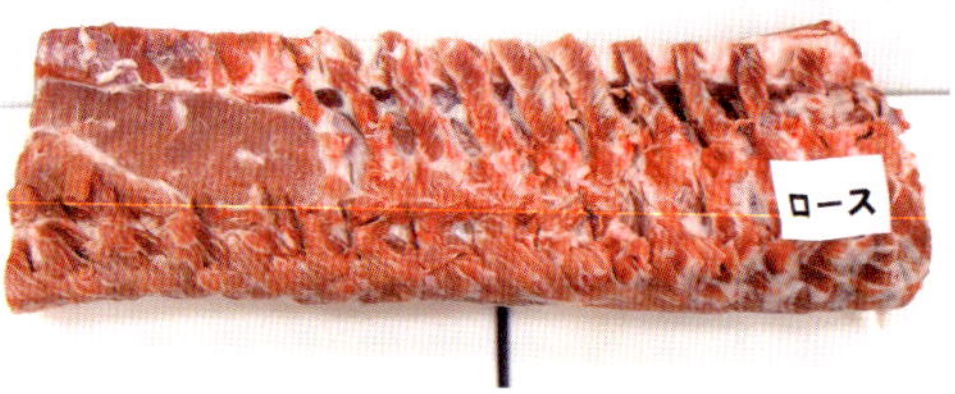

写真 18　整形後のロース肉

表 3　ロース肉の加工品と精肉店店頭での表示

部位名	加工用途	精肉店での表示
ロース肉	ロースハム	ロース切り身 ロースしゃぶしゃぶ ロースしょうが焼き用 ローススライス

だ。

　ロース肉の利用方法について表3に整理する。

●バラ肉ブロック

　写真19は豚の右側のバラ肉である。重量は4～5kgで、1頭分なら8～9kgの重量となる部位である。

　写真19は入荷されたばかりの状態。ロースのときと同じように、皮膜を取り除く。写真19～21は、肋骨のところの皮膜除去の様子である。最近、大手のスーパーで、写真19～22にあるような作業をしないで、バラブロックとして販売している店がある。技術屋（職人）さんがいないのだろうか。この作業を怠ってはいけない。こうした手抜きをすると、食べたときに、スジ、皮膜が口に残り、違和感がある。

　写真22、23の作業は、まさに技術屋（職人）さんの手さばきである（写真は私）。このような技術屋（職人）さんがいなくなったのはさびしい限りだ。写真23は端を落として、バラ肉の形を整えている様子。カットしている部分は赤身肉と脂肪部分が感じよくうまく重なり合ってない。カットした後は脂肪と赤身肉を分別して、赤身肉は挽肉へ、脂

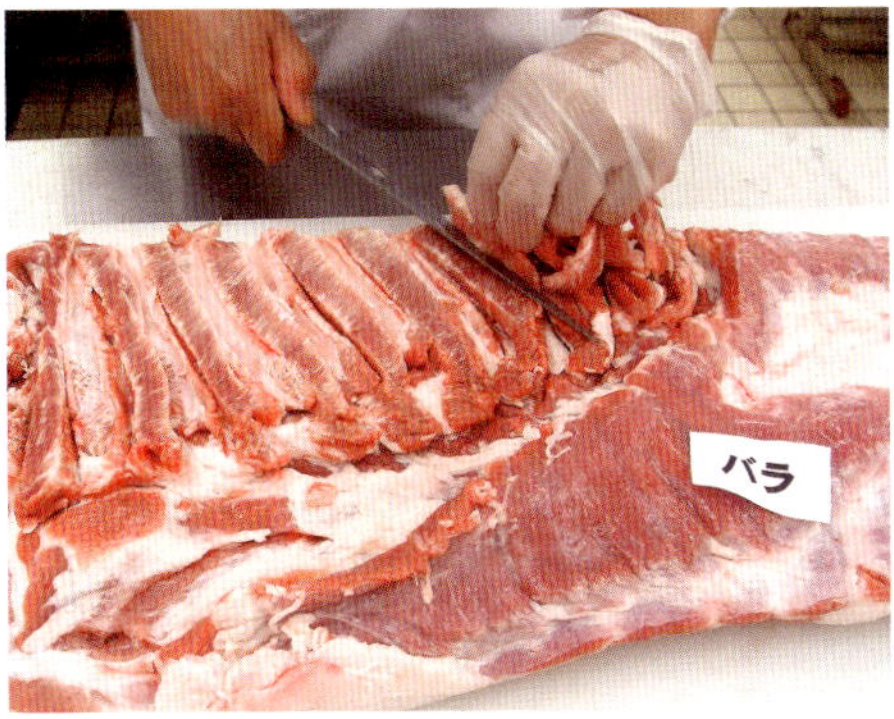

写真19　バラ肉。整形前

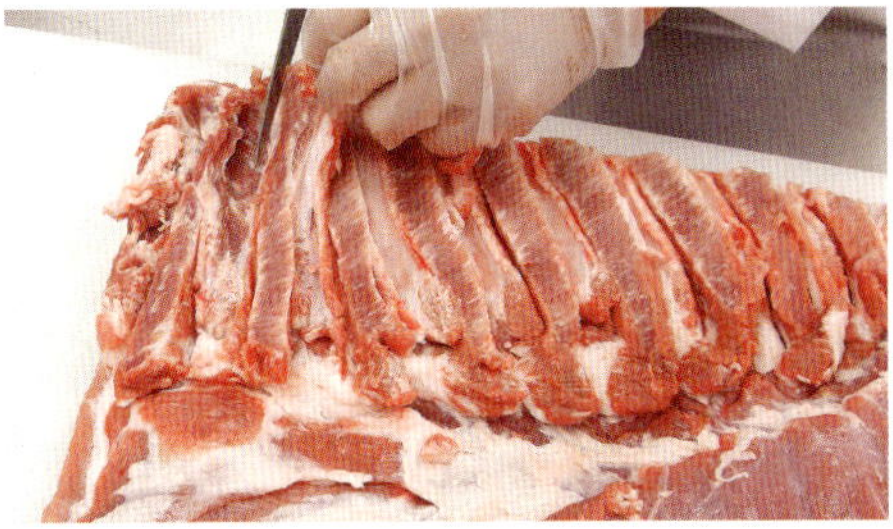
写真20　皮膜を取り除く①

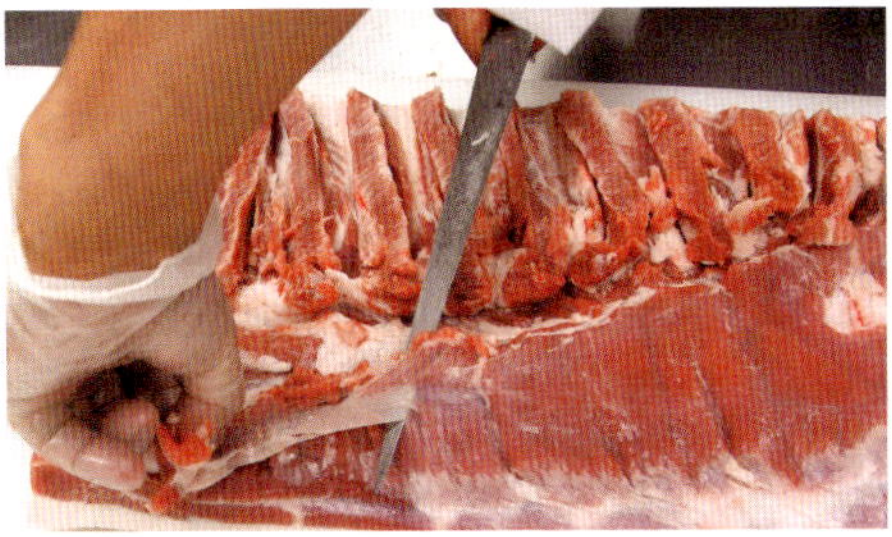
写真21　皮膜を取り除く②

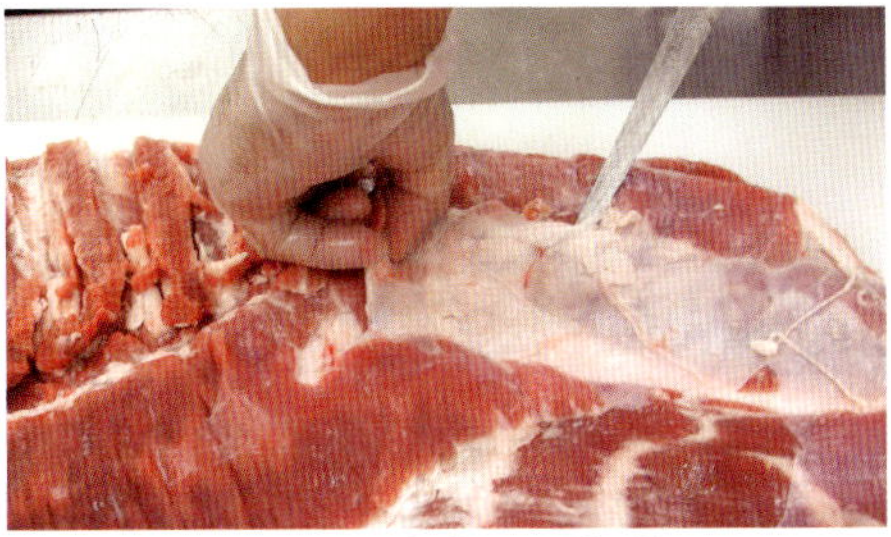
写真22　皮膜を取り除く③

肪部分は廃棄にする。最終的には写真24にあるような形にして、塩漬けを行なう。バラ肉ブロックでの脂肪の外し具合は、写真19と21を比べて見れば理解いただけると思う。

バラ肉の利用法について表4に整理する。

●ヒレ肉ブロック

写真25はヒレである。重量は1・5kg前後になる。1頭分、2本だけで、しかも3kgにしかならないごく量の少ない部位である。写真25のようにヒレの表面には、脂肪や

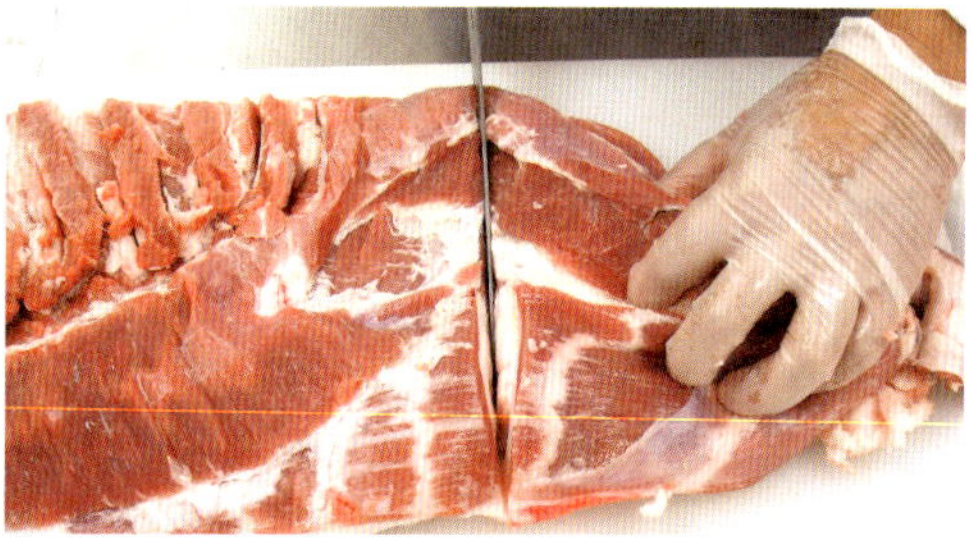

写真 23　形を整える

写真 24　バラ肉。整形後

表４　バラ肉の加工品と精肉店店頭での表示

部位名	加工用途	精肉店での表示
バラ肉	ベーコン 煮豚	バラスライス、 バラしゃぶしゃぶ バラブロック

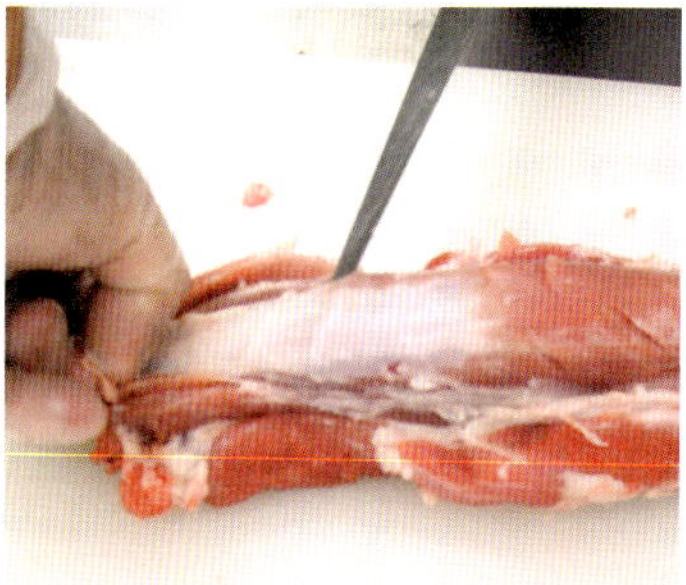

写真 26　脂肪・皮膜を取り除く

写真 25　ヒレ肉　整形前

写真 27　ヒレ肉　整形後

皮膜が付いている。肉に傷をつけずに脂肪や皮膜を取り除く（写真26）。これが技術屋の腕の見せ所。写真27のように肉の表面が、滑らかにすべるような感じに仕上げる。ヒレ肉ブロックでの脂肪の外し具合は、写真25と27を比べて見れば理解いただけると思う。

ヒレの処理には一番神経を使う。ヒレの重量は極わずかである。重量が少ないから希少価値がある。豚でも牛でも、ヒレ肉は価格の一番高い部位である。豚ヒレ肉の料理では、一般的にフライが多い。ヒレ肉には脂肪分が少なく、淡白な味なのでフライに向くからである。

こらむ

イギリスの肉屋さん

私は年に1～2回イギリスに行く。1回の滞在は3～4週間前後。季節は夏もあれば、寒い冬のときもある。

ロンドンのスーパー肉売り場

イギリスでは、必ずロンドン市内や郊外の肉専門店、スーパーの肉売り場を見に行く。イギリスの肉屋の売り場は、三つに分かれている。注文を受けてからスライスするハムのコーナー、牛肉、豚肉、鶏肉のブロック肉のコーナー、豚腸詰めのソーセージコーナーである。注文に応じてハムの塊をスライスしてくれるのは、お客にとってはありがたい。しかも切り立てはおいしい。ハム・ソーセージの塊が大きいのでスライス面も大きい。スライスして販売するシステムはヨーロッパでは当たり前の光景だ。

イギリスは煮込み料理が多い関係から、ブロック肉の需要がある。牛肉、豚肉のブロックコーナーで販売されている牛肉は、赤身肉がほとんどで、塊肉も多いがステーキ類も多い。

ロンドン（イギリス）の肉屋

豚腸に詰められた独特の食感のソーセージがある。カンバーランドソーセージ、ランカシャーソーセージなど地域名が付いている。粗引きの挽肉を豚の腸に詰め、生の状態で販売されるから、焼いて食べるときに肉汁がプチュと飛び出てくることもある。最近は中にリンゴや長ネギが入ったものまであり、イギリスでは人気だ。野外のバーベキューの定番で、一般家庭でも日常的に食べられている。ドイツタイプに慣れている日本人には、ちょっと違和感はあるが、それなりに美味である。イギリスの肉屋の店頭にはこれが大量に並んでいる。

イギリスの大型スーパーでハム・ソーセージ商品のアイテムを見ると、ハムをスライスしたパックの種類が多い。それも大判だ。パン食にはハムのスライスした製品がよく合う。日本でよくみられるウインナーやフランクフルトソーセージの種類は少ない。

ところで、イギリスはアンティーク（骨董品）でも有名だ。アンティーク販売の定期市が開かれる。その会場では、大型トラックでのハム・ソーセージ販売がある。このトラックには、大型の冷蔵庫や商品陳列ケースが設備されて、その場でハムをスライスしてくれる。大型トラックでの販売はやはり迫力がある。商店街の肉屋の他に、常設の食品市場には、必ず肉売り場がある。その売り場では生の豚腸詰めのソーセージのほかに、客の注文に応じて、スライスするハム・ソーセージコーナーが必ずある。

イギリスの食卓

イギリスに滞在中は、必ず個人の家庭で生活する。イギリスでは、ベーコンというと、ロースとバラ肉部位が一緒になっている。

イギリスの朝食は、一つの皿に豆、ロースベーコン、目玉焼き、焼きトマトのスライスが基本。ロースベーコンは焦げ目が出るまで炒める。それにパンだ。飲み物は紅茶にする人が多い。紅茶といっても中身は紅茶と牛乳が半々。ドイツと違うのは、チーズが必ず食卓に出ること。チーズは日本に比べると本当に安い。

昼食、夕食はパンにバターをたっぷり塗り、チーズをのせ、その上にハムやソーセージを重ねて食べることが多い。昼食に手弁当が必要なときは、弁当箱にパンとハム・ソーセージ、あるいはチーズを入れて持っていく。意外に質素だがカロリーは高い。一般にイギリスにはおいしいものはないといわれるが、ハム、ソーセージ、ナチュラルチーズとオリーブオイルは美味だ。

イギリスの生ハムとサラミ

［　］は省略できる　（　）はよみあるいは言い換えできる　【　】は説明、補足

さくいん

と畜場リスト

所在地		と畜場の名称
埼玉県	和光市	和光ミートセンター
	本庄市	本庄食肉センター
千葉県	千葉市	㈱千葉県食肉公社
	横芝光町	横芝光町営東陽食肉センター
	睦沢町	南総食肉センター
東京都	港　区	東京都立芝浦と場
	八王子市	八王子食肉処理場
	八丈町	八丈町と畜場
神奈川県	厚木市	神奈川食肉センター
	横浜市	横浜市中央と畜場
山梨県	笛吹市	㈱山梨食肉流通センター
長野県	佐久市	佐久広域食肉流通センター
	中野市	㈱北信食肉センター
	松本市	㈱長野県食肉公社　松本支社
	飯田市	㈱長野県食肉公社　飯田支社
静岡県	富士市	岳南食肉センター
	菊川市	経済連小笠食肉センター
	浜松市	浜松市食肉地方卸売市場
新潟県	長岡市	長岡市営食肉センター
	新潟市	新潟市食肉センター
富山県	射水市	㈱富山食肉総合センター
石川県	金沢市	石川県金沢食肉流通センター
岐阜県	養老町	養老町立食肉事業センター
	関　市	中濃ミート事業協同組合
	飛騨市	飛騨食肉センター
	岐阜市	㈱岐阜県畜産公社
愛知県	半田市	半田食肉センター
	名古屋市	名古屋市南部と畜場
	豊橋市	東三河食肉流通センター
三重県	四日市市	四日市市食肉センター
	松阪市	松阪食肉流通センター
	伊賀市	伊賀食肉センター
滋賀県	近江八幡市	滋賀食肉センター
京都府	亀岡市	亀岡市食肉センター
	福知山市	福知山市食肉センター
	京都市	京都市中央卸売市場第二市場
大阪府	大阪市	南大阪ミートセンター南大阪食肉市場
	大阪市	羽曳野市立南食ミートセンター
	大阪市	大阪市食肉処理場

所在地		と畜場の名称
北海道	北見市	㈱北海道チクレンミート 北見食肉センター
	早来町	㈱北海道畜産公社 道央事業所 早来工場
	池田町	池田町食肉センター
	森　町	名北ミート株式会社　函館工場
	名寄市	名寄市立と畜場
	八雲町	日本フードパッカー㈱道南工場
	釧路市	㈱北海道畜産公社 道東事業所 根釧工場
	網走市	日本フードパッカー㈱道東工場と畜場
	大空町	㈱北海道畜産公社 道東事業所 北見工場
	帯広市	㈱北海道畜産公社 道東事業所 十勝工場
	函館市	㈱北海道畜産公社 道央事業所 函館工場
	帯広市	㈱北海道畜産公社 道央事業所 上川工場
青森県	田舎館村	㈱青森畜産公社 津軽食肉センター
	三沢市	㈱三戸食肉センター
	十和田市	十和田食肉センター
	おいらせ町	日本フードパッカー㈱ 青森工場
岩手県	紫波町	㈱岩手畜産流通センター
	盛岡市	東北農業研究センターと畜場
宮城県	仙台市	仙台市ミートプラント
	米山町	㈱宮城県食肉流通公社
秋田県	秋田市	㈱秋田県食肉流通公社
	鹿角市	㈱ミートランド
山形県	米沢市	米沢市食肉センター
	山形市	㈱山形県食肉公社
	庄内町	㈱庄内食肉公社庄内広域行政組合
福島県	郡山市	㈱福島県食肉流通センター
茨城県	筑西市	筑西食肉センター
	茨城町	㈱茨城県中央食肉公社
	下妻市	下妻地方食肉協同組合
栃木県	大田原市	那須地区食肉センター
	那須塩原市	（独）農業・食品産業技術総合研究機構 畜産草地研究所那須研究拠点
	足利市	㈱両毛食肉センター
	宇都宮市	㈱栃木県畜産公社
群馬県	玉村町	㈱群馬県食肉卸売市場
	高崎市	高崎食肉センター
埼玉県	さいたま市	さいたま市と畜場
	川口市	川口と畜場
	越谷市	越谷食肉センター

所在地	と畜場の名称
長崎県 諫早市	日本フードパッカー㈱
五島市	㈱JAごとう食肉センター
佐世保市	佐世保食肉センター
雲仙市	島原半島地域食肉センター
熊本県 菊池市	㈱熊本畜産流通センター㈱
錦　町	全開連人吉食肉センター
合志市	(独)農業・食品産業技術総合研究機構 九州沖縄農業研究センター
熊本市	熊本市食肉センター
宇城市	㈱熊本中央食肉センター
大分県 豊後大野市	㈱大分県畜産公社
宮崎県 都城市	都城市食肉センター
延岡市	宮崎ビーフセンター
小林市	小林市食肉センター
えびの市	㈱丸正フーズ
都城市	㈱ミヤチク　高崎工場
都農町	株式会社　ミヤチク都農工場
鹿児島県 南さつま市	南さつま市食肉センター
末吉町	南九州畜産興業㈱
垂水市	㈱大隅ミート
中種子町	中種子と畜場
奄美市	奄美市食肉センター
伊佐市	㈱ジャパンファーム
徳之島町	徳之島アイランド広域連合食肉センター
南九州市	㈱JA食肉かごしま　南薩工場
鹿屋市	㈱JA食肉かごしま　鹿屋工場
志布志市	志布志畜産㈱
志布志市	サンキョーミート㈱
阿久根市	㈱阿久根食肉流通センター
鹿児島市	鹿児島食肉センター㈱
知名町	沖永良部と畜場
沖縄県 南条市	㈱沖縄県食肉センター
名護市	名護市食肉センター
久米島町	久米島と畜場
宮古島市	㈱宮古食肉センター
石垣市	㈱八重山食肉センター
与那国町	与那国町食肉処理場

(平成25年8月現在,農水省資料)

所在地	と畜場の名称
兵庫県 加古川市	加古川食肉センター
たつの市	たつの市新宮食肉センター
朝来市	和田山と畜場　朝来市食肉センター
南淡路市	淡路食肉センター
姫路市	姫路市食肉センター
神戸市	神戸市立食肉センター
神戸市	三田食肉センター
西宮市	西宮市食肉センター
奈良県 大和郡山市	奈良県食肉センター
和歌山県 新宮市	新宮市食肉処理場
鳥取県 大山町	鳥取県食肉センター
島根県 大田市	㈱島根県食肉公社と畜場
大田市	近畿中国四国農業研究センター 大田研究拠点(食肉生産研究施設)
岡山県 津　市	津山市食肉処理センター
岡山市	岡山県営と畜場
広島県 三次市	全国農業協同組合連合会広島県本部 三次食肉加工センター
広島市	広島市と畜場
福山市	福山市食肉センター
山口県 岩国市	周東町食肉センター
柳井市	柳井市営と畜場
防府市	防府市と畜場
宇部市	宇部市食肉センター
徳島県 徳島市	徳島市立食肉センター
鳴門市	全国農業協同組合徳島県本部鳴門食肉センター
美馬市	美馬食肉センター
東みよし町	㈱谷藤ファーム
香川県 高松市	高松市食肉センター
坂出市	㈱香川県畜産公社
愛媛県 大洲市	JAえひめアイパックス
高知県 四万十市	四万十市営食肉センター
高知市	広域食肉センター
福岡県 小郡市	県南食肉センター協同組合
太宰府市	九州協同食肉㈱
うきは市	うきは市営と畜場
北九州市	北九州市立食肉センター
福岡市	福岡市中央卸売市場
佐賀県 多久市	佐賀県食肉センター

●著者

杉山博茂（すぎやま　ひろしげ）

1944年生まれ。茨城大学農学部畜産学科卒業後、ハムメーカーに就職。1974年ドイツ・ハイデルベルク食肉学校修了。1975年ハムメーカーを退職し、翌年自費にて渡独し、著名なマイスター宅に居候し、マンツーマンの指導を受ける。さらに小さな肉屋でも肉加工の勉強をする。1987年手作りソーセージ充填機で実用新案申請。1993年には鯉淵学園（現鯉淵学園農業栄養専門学校）に赴任。2003年ロシア・ウラジオストックでの、ロシア地域改革支援事業の一環として極東経済経営大学で畜肉加工を指導。2014年鯉淵学園農業栄養専門学校を退職。

著書「肉を安く買うコツと手作りハム」、「地域食材大百科第13巻」（共著）

●写真

小倉隆人（本文中に＊のあるもの）

ブロック肉がうまい！

手づくりベーコン・ハム・ソーセージ

2015年2月10日　第1刷発行

著　者　杉山 博茂

発行所　一般社団法人　農山漁村文化協会

〒107-8668　東京都港区赤坂7-6-1

電話：03-3585-1141（営業）　03-3585-1147（編集）

FAX：03-3585-3668　振替：00120-3-144478

URL：http://www.ruralnet.or.jp/

DTP製作　鶴田 環恵

印刷・製本（株）シナノ

ISBN978-4-540-14217-8